本书获教育部人文社会科学研究一般项目"基于可持续发展的蔬菜产业竞争力动态仿真与评价研究——以山东蔬菜产业为例"（项目编号：11YJCZH261）资助

经济管理学术文库·经济类

山东蔬菜产业竞争力动态仿真与评价研究

Research Based on Dynamic Simulation and Evaluation of Shandong Vegetable Industry Competitiveness

朱智强／著

图书在版编目（CIP）数据

山东蔬菜产业竞争力动态仿真与评价研究/朱智强著. —北京：经济管理出版社，2014.12
ISBN 978-7-5096-3494-3

Ⅰ. ①山… Ⅱ. ①朱… Ⅲ. ①蔬菜产业—竞争力—动态仿真—研究—山东省 Ⅳ. ①F326.13

中国版本图书馆 CIP 数据核字 (2014) 第 276262 号

组稿编辑：曹　靖
责任编辑：曹　靖　刘广钦
责任印制：黄章平
责任校对：张　青

出版发行：经济管理出版社
　　　　　（北京市海淀区北蜂窝 8 号中雅大厦 A 座 11 层　100038）
网　　址：www.E-mp.com.cn
电　　话：(010) 51915602
印　　刷：北京京华虎彩印刷有限公司
经　　销：新华书店
开　　本：720mm×1000mm/16
印　　张：10.75
字　　数：201 千字
版　　次：2014 年 12 月第 1 版　2014 年 12 月第 1 次印刷
书　　号：ISBN 978-7-5096-3494-3
定　　价：48.00 元

·版权所有　翻印必究·
凡购本社图书，如有印装错误，由本社读者服务部负责调换。
联系地址：北京阜外月坛北小街 2 号
电话：(010) 68022974　　邮编：100836

前　言

　　山东蔬菜产业经过 20 多年的发展，已经成为山东农业产业中的支柱性产业之一，在全国的综合竞争力水平一直处于"龙头"地位。山东蔬菜产业的大力发展最深远的影响在于解决农村劳动力的就业、增加农民收入和农业收益、提高城乡人民生活质量、带动地方以及区域经济增长。山东蔬菜产业的可持续发展是山东乃至全国农业经济工作中的重要任务目标。蔬菜产业的可持续发展目标和维持较高水平的竞争力是相互正向关联的，可持续发展是产业维持竞争优势的前提和基础，不可持续意味着产业的衰败，则竞争力问题就无从谈起；而产业维持一个较高程度的竞争力水平又是实现产业可持续发展目标的标志和基本手段。因此，在可持续发展框架下探讨产业的竞争力问题，实际上就是兼顾目标和手段、条件和策略、长期和短期的同一个问题的两个方面。当前的农业发展已经进入现代农业发展的阶段，农产品产出过程已经纳入高效率生产和高度市场化的产业链条之中，蔬菜产业已经不再囿于传统的蔬菜种植和简单加工，而是向产业链条的纵深层面不断延伸，形成了动态的价值创造过程。实现蔬菜产业的可持续发展目标，维持蔬菜产业的竞争力优势，其实质是进一步进行传统种植业的再造和蔬菜产业的升级，打造一个具有现代化特征的蔬菜产业发展模式。现代农业的特征显然是检验蔬菜产业发展程度即竞争力水平的最高标准和要求，蔬菜产业可持续发展目标的实现即不断完成蔬菜产业现代化进程的阶段性标准和要求。尽管如此，不同区域的农业现代化程度存在差异，现代农业的具体特征也表现出相互的异质性，很难用一个统一且唯一的标准加以区分。因此，运用多维度的指标变量，通过参照产业竞争对手之间的竞争力指标值强弱，来衡量不同区域蔬菜产业发展的现代化相对程度是非常必要的。

　　基于以上分析，本书运用多维度的指标变量，科学地选择比较对象进行比较分析,并以山东为例,客观地判断了山东等全国主要蔬菜生产和出口贸易省份的蔬菜产业竞争力状况,分析了其蔬菜产业竞争力的影响因素和可持续发展策略。

本书从理论方面来看,以蔬菜产业为研究对象,拟按竞争兼顾可持续发展的原则,构建出新的蔬菜产业竞争力指标评价体系,对蔬菜产业竞争力的发展趋势进行动态仿真预测,旨在进一步丰富蔬菜产业竞争力理论研究,为蔬菜产业竞争力分析提供一定的研究思路与方法。从实践方面来看,以山东和全国主要蔬菜生产省份为研究对象,将蔬菜产业竞争力评价指标体系与研究方法应用于实践研究,以期通过对区域蔬菜产业竞争力进行定量评价和动态预测,比较分析区域蔬菜产业竞争力水平及其变化趋势,为提升山东蔬菜产业竞争力乃至促进全国蔬菜产业的持续健康发展提供决策指导。

本书是作者主持的教育部人文社会科学研究一般项目"基于可持续发展的蔬菜产业竞争力动态仿真与评价研究——以山东蔬菜产业为例"(项目编号:11YJCZH261)的研究成果,研究过程得到该基金的资助。在本项目的研究过程中,课题组成员参加了讨论、调研和资料搜集工作;在本书的写作出版过程中,山东工商学院产业经济学重点学科、课题组主要成员张晓丽、唐文龙为作者提供了多方面的支持和帮助。在此,作者对课题组的全体成员以及山东工商学院产业经济学学科表示衷心的感谢。

作者希望,通过对山东蔬菜产业竞争力全面系统的分析,能够为读者和业内专业人士提供一个可供学习、交流和参考的模板。

作者

2014年10月于山东烟台

目 录

0 绪 论 ………………………………………………………………… 1

  0.1 选题的依据和背景 ………………………………………………… 1

  0.2 研究的理论支撑 …………………………………………………… 2

    0.2.1 产业竞争力理论 …………………………………………… 2

    0.2.2 可持续发展理论 …………………………………………… 3

    0.2.3 产业竞争力和可持续发展之间的耦合关系 ……………… 3

  0.3 研究的思路和内容 ………………………………………………… 4

  0.4 研究的主要方法 …………………………………………………… 6

    0.4.1 理论分析 …………………………………………………… 6

    0.4.2 实际调查 …………………………………………………… 6

    0.4.3 因子分析法 ………………………………………………… 7

  0.5 研究的主要成就 …………………………………………………… 7

1 山东蔬菜产业发展的基本情况 ………………………………………… 9

  1.1 山东农业基本概况 ………………………………………………… 9

  1.2 山东蔬菜产业的基本概况 ………………………………………… 13

    1.2.1 山东蔬菜产业的重要地位 ………………………………… 13

    1.2.2 山东蔬菜产业的供给情况 ………………………………… 17

    1.2.3 山东蔬菜产业的消费情况 ………………………………… 25

    1.2.4 山东蔬菜产业的出口贸易情况 …………………………… 26

    1.2.5 出口流向 …………………………………………………… 35

  1.3 小　结 ……………………………………………………………… 35
  本章附表和附图 ………………………………………………………… 36

2 山东蔬菜产业要素竞争力和环境竞争力评价 ……………………… 47

  2.1 主要蔬菜生产省份的要素禀赋条件比较 ……………………… 47
  2.2 山东财政支出结构与区域经济增长的关联 …………………… 51
  2.3 小　结 ……………………………………………………………… 60

3 山东蔬菜产业出口竞争力的评价 …………………………………… 63

  3.1 出口竞争力的概念 ……………………………………………… 63
  3.2 样本及评价的指标体系 ………………………………………… 64
  3.3 省际间的综合比较分析 ………………………………………… 75
  3.4 省际间的年度（2004～2012 年）比较分析 …………………… 80
    3.4.1 根据 2004 年数据的因子分析 …………………………… 81
    3.4.2 根据 2005 年数据的因子分析 …………………………… 82
    3.4.3 根据 2006 年数据的因子分析 …………………………… 84
    3.4.4 根据 2007 年数据的因子分析 …………………………… 86
    3.4.5 根据 2008 年数据的因子分析 …………………………… 87
    3.4.6 根据 2009 年数据的因子分析 …………………………… 89
    3.4.7 根据 2010 年数据的因子分析 …………………………… 91
    3.4.8 根据 2011 年数据的因子分析 …………………………… 92
    3.4.9 根据 2012 年数据的因子分析 …………………………… 94
    3.4.10 基本结论 ………………………………………………… 96
  3.5 小　结 ……………………………………………………………… 97

4 山东蔬菜产业综合竞争力评价及动态仿真分析 …………………… 99

  4.1 评价的指标体系 ………………………………………………… 99
    4.1.1 指标选取的原则 …………………………………………… 99
    4.1.2 样本的选取和评价的指标体系 …………………………… 100
  4.2 山东蔬菜产业综合竞争力当前水平评价（2012 年） ………… 101
  4.3 山东蔬菜产业综合竞争力动态仿真分析 ……………………… 106

  4.3.1 根据2001年数据的因子分析 ……………………………… 106
  4.3.2 根据2002年数据的因子分析 ……………………………… 108
  4.3.3 根据2003年数据的因子分析 ……………………………… 110
  4.3.4 根据2004年数据的因子分析 ……………………………… 111
  4.3.5 根据2005年数据的因子分析 ……………………………… 113
  4.3.6 根据2006年数据的因子分析 ……………………………… 115
  4.3.7 根据2007年数据的因子分析 ……………………………… 116
  4.3.8 根据2008年数据的因子分析 ……………………………… 118
  4.3.9 根据2009年数据的因子分析 ……………………………… 120
  4.3.10 根据2010年数据的因子分析 …………………………… 122
  4.3.11 根据2011年数据的因子分析 …………………………… 123
  4.3.12 各省份蔬菜产业综合竞争力发展趋势 ………………… 125
 4.4 小　结 …………………………………………………………… 127
 本章附表和附图 ……………………………………………………… 128

5 山东蔬菜产业竞争力的主要影响因素及可持续发展策略 ……… 135

 5.1 主要影响因素分析 ……………………………………………… 135
  5.1.1 设施蔬菜普及与特色蔬菜规模生产 ……………………… 135
  5.1.2 蔬菜科技进步与品质优势发挥 …………………………… 137
  5.1.3 区位优势与交通优势明显 ………………………………… 138
  5.1.4 国内需求改善与内外市场一体化 ………………………… 139
  5.1.5 信息化程度提高与产业化运作模式创新 ………………… 141
 5.2 可持续发展策略 ………………………………………………… 143
  5.2.1 产业规模化策略 …………………………………………… 143
  5.2.2 质量保障策略 ……………………………………………… 147
  5.2.3 政府支持策略 ……………………………………………… 150
 5.3 小　结 …………………………………………………………… 153

参考文献 ……………………………………………………………… 157

0 绪 论

0.1 选题的依据和背景

产业竞争力的强弱,直接关系到该产业在融入一体化世界经济的过程中能否获取优质的发展资源,在激烈的产业竞争中能否获得良好的生存空间以及可持续发展。产业的可持续发展目标和维持较高水平的竞争力是相互正向关联的,可持续发展是产业维持竞争优势的前提和基础;而产业维持一个较高程度的竞争力水平又是实现产业可持续发展目标的标志和基本手段。因此,产业竞争力问题一直是各方关注的一个热点。

农业支柱性产业并兼有明显的弱质性特征是对山东蔬菜产业基本情况的概括。山东蔬菜位居全国蔬菜种植的"龙头"地位,其产量、产值(包括出口产量和产值)连续多年蝉联全国第一,蔬菜种植结构也不断丰富,是名副其实的全国"大菜园";目前,山东蔬菜产业用24%的耕地形成了32.7%的产值,土地产出和回报率是比较高的;从产值的角度来看,蔬菜产业是山东种植业以及农业经济中的第一大产业,山东蔬菜产业的出口竞争力水平和综合竞争力水平长期居全国首位,支柱性产业的特征非常显著。

但是应该看到,与国外农业发达国家相比,我国蔬菜产业在各个方面所表现出的弱质性特征还比较明显,山东蔬菜产业也不例外。以资源禀赋情况为例,山东发展蔬菜产业存在一定的土地空间上的"瓶颈";从事农业生产以及蔬菜种植的从业人口是萎缩和相对匮乏的;山东属于水资源匮乏省份,发展蔬菜产业遭受水资源缺乏"瓶颈";山东资本物质禀赋处于中等偏上水平,但从全国来看是比较靠前的,主要得益于大棚蔬菜等设施蔬菜在山东的普及。综合来看,山东蔬菜资源禀赋情况在全国比较靠前,但在蔬菜生产大省的比较中处于中等水平,促进山东蔬菜产业发展的基础性资源优势不显著,山东蔬菜产业面临来自兄弟省份的竞争压力,当然,也面临着产业转型和升级的压力。

当前的农业发展已经进入现代农业发展的阶段,农产品产出过程已经纳入高效率生产和高度市场化的产业链条之中,蔬菜产业已经不再囿于传统的蔬菜种植和简单加工,而是向产业链条的纵深层面不断延伸,形成了动态的价值创造过程。实现蔬菜产业的可持续发展目标,维持蔬菜产业的竞争力优势,其实质是进一步进行传统种植业的再造和蔬菜产业的升级,打造一个具有现代化特征的蔬菜产业发展模式。

综上所述,从理论方面来看,以蔬菜产业为研究对象,拟按照竞争兼顾可持续发展的原则,构建出新的蔬菜产业竞争力指标评价体系,对蔬菜产业竞争力的发展趋势进行动态仿真预测,旨在进一步丰富蔬菜产业竞争力理论研究,为蔬菜产业竞争力分析提供一定的研究思路与方法。从实践方面来看,以山东以及全国主要蔬菜生产省份为研究对象,将蔬菜产业竞争力评价指标体系与研究方法应用于实践研究,以期通过对区域蔬菜产业竞争力进行定量评价和动态预测,比较分析区域蔬菜产业竞争力水平及其变化趋势,为提升山东蔬菜产业竞争力乃至促进全国蔬菜产业的持续健康发展提供决策指导。

0.2 研究的理论支撑

0.2.1 产业竞争力理论

本书的研究主要基于美国哈佛大学著名教授迈克尔·E. 波特(Michael E. Porter)关于产业竞争力的理论,特别是其著名的"钻石模型"理论。波特产业竞争力理论认为,一国特定产业是否具有竞争力由以下四个基本核心因素决定:第一,生产要素状况,主要包括自然、资本、人力等基本资源禀赋情况;第二,需求条件,包括国内外市场的需求结构和数量情况;第三,相关与辅助产业情况，主要是产业链条上下游相关产业的发展情况；第四，企业策略、结构和竞争对手。同时，政府和机遇也对产业竞争力形成起到举足轻重的作用。上述要素构成了波特"钻石模型"的一般研究范式。

波特产业竞争力理论所涉及的上述影响要素可以进一步细分，形成不同层次的竞争力。第一，外显层次的竞争力，即竞争力的最终表现形态，包括市场有效性、生产力及创新能力三个方面。第二，要素层次的竞争力，即能够对产业最终竞争力的形成直接发挥作用，包括生产资本要素的投入、生产组织的数量与质量、劳动力要素投入的数量与质量、土地等自然资源的数量与质量等多维度影响因素的总称。第三，环境层次的竞争力，即影响最终竞争力形成的外部环境因素，主要包括国内外市场条件、生产组织形式与管理方式、政府的宏观经济政策以及偶然机遇等多维度的影响因素。

0.2.2 可持续发展理论

20世纪80年代，国际自然环保同盟（IUCN）在《世界自然保护大纲》中，从自然资源保护和永续发展的角度首次提出了可持续发展的概念。随后，可持续发展的概念逐渐应用到经济学和科技领域。从宽泛的视角来看，可持续发展是一个复杂的系统，包括经济可持续发展、社会可持续发展和生态可持续发展。所谓经济可持续发展主要指经济总量的不断增加和质量的不断提高；所谓社会可持续发展主要是指包括物质和精神层面的人们生活品质的提高以及人们健康权利的保障；所谓生态可持续发展主要指人们生存的自然环境和资源环境与经济社会发展保持协调。基于此，产业的可持续发展可以理解为产业在经济总量和质量上的增加与提高，不断满足人们日益增长的物质和精神层面的需求以及对于健康身体的追求，并且产业的发展不危及人们赖以生存的自然环境和资源环境的承受能力。蔬菜产业的可持续发展可以概括为规模不断扩大的生产和贸易的能力、不断提升的蔬菜产品质量安全水准以及不断改善的产业发展的外部环境等。

0.2.3 产业竞争力和可持续发展之间的耦合关系

产业的可持续发展目标和维持较高水平的竞争力是相互正向关联的，可持续发展是产业维持竞争优势的前提和基础，不可持续意味着产业的衰败，则竞争力问题就无从谈起；而产业维持一个较高程度的竞争力水平又是实现产业可持续发展目标的标志和基本手段。因此，在可持续发展框架下探讨产业的竞争力问题，实际上就是兼顾目标和手段、条件和策略、长期和短期的同一个问题的两个方面。

0.3 研究的思路和内容

本研究的总体思路是：农业支柱性产业并兼有明显的弱质性特征是对山东蔬菜产业基本特征的概括。这一基本特征实质上已经点明了竞争力问题和可持续发展问题是研究山东蔬菜产业发展问题的两大基本主题和出发点。产业是否具有可持续发展的能力必须经过未来一个较长时间跨度的检验，当前的研究是对未来情况的一种预测；而竞争力是一个带有"比较"含义的概念，没有比较就无从谈起竞争力的强弱；如果能将两者结合起来，则研究的问题就演化为一个"预测兼比较"的综合性问题。根据系统论的基本原理，整个研究过程包括"前因—过程—结果"三个完整的阶段系统。前因即原因的调查、因子的分析，主要涉及蔬菜产业可持续发展能力和竞争力的影响因子调查；过程即因子的相互作用导致的蔬菜产业可持续发展能力和竞争力的互动耦合关系及相关性；结果即系统输出的预测分析结果、实施政策、措施。显然，本研究的侧重点在"过程"和"结果"阶段，并基于上述思路设计研究内容。

本研究的具体思路是：从调研山东蔬菜产业发展的基本特征出发，实际调查蔬菜产业发展过程中影响其可持续发展能力和竞争力的因素。调查主要采取问卷调查的方法，选取典型区域、典型生产者和不同层级的相关政府及其部门。问卷设计分为影响蔬菜产业可持续发展能力和竞争力的因素两个部分；问卷涉及的范围包括蔬菜产业发展动力、发展水平、社会影响、经济联系、产业贡献等方面的宽领域。通过问卷调查，厘清蔬菜产业可持续发展能力和竞争力之间的关联性，对两者之间存在的动态耦合关系进行理论定性上的分析，同时整理出蔬菜产业可持续发展能力和竞争力的评价指标集。从逻辑推理的角度，蔬菜产业可持续发展能力与其竞争力之间，从中长期来考察，一定具有正相关性。因为，产业发展如果不可持续，最终面临衰亡的话，那么竞争力问题就无从谈起。按照竞争兼顾可持续发展的原则，综合评价产业可持续发展能力和竞争力的相关指标，筛选出涉及蔬菜产业发展动力、发展水平、社会影响、经济联系、产业贡献等方面的指标，构建出新的蔬菜产业竞争力评价指标体系。蔬菜产业竞争力具有动态性，研究将尝试运用比较分析方法以及因子分析方法，将新构建的蔬菜产业评价指标体系各指标纳入预测模型对山东与全国主要蔬菜生产省份的蔬菜产业竞争力动态变化进行仿真预测分析；根据仿真结果，客观评价山东蔬菜产业竞争力的主要影响因素，提出山东蔬菜产业可持续竞争力提升的对策建议。总体框架和基本内容如图0-1所示。

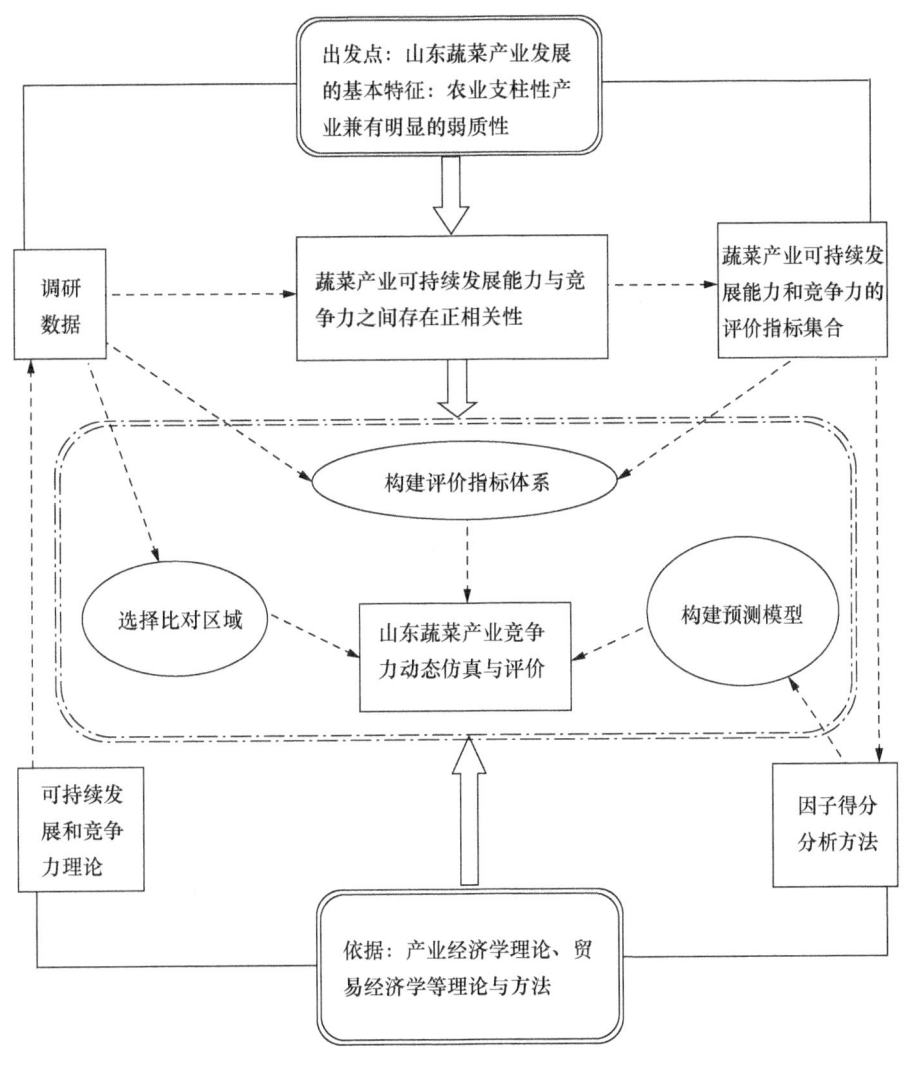

图0-1 总体框架和基本内容

本研究运用多维度的指标变量，科学地选择比较对象进行比较分析，并以山东为例，客观地判断了山东等全国主要蔬菜生产和出口贸易省份的蔬菜产业竞争力状况，分析了其蔬菜产业竞争力的影响因素和可持续发展策略。本书主要包括五大部分内容：第一部分是山东蔬菜产业发展的基本情况。主要参阅了相关调研数据、统计数据以及山东农业基本概况、山东蔬菜产业的产量产值情况、山东蔬菜产业的供给情况、消费情况以及蔬菜产品的出口贸易情况。第二部分是山东蔬菜产业要素竞争力和环境竞争力评价。根据相关的统计资料，通过计算土地、劳动力、水资源等要素禀赋系数的办法衡量了其要素竞争力状况，通过考察山东财政支出结构与区域经济增长的关系间接衡量了其环境竞争力状况。第三部分是山东蔬菜产业出口竞争力的评价。通过因子分析法，对山东、福建、江苏等主要蔬菜出口省份的蔬菜产业出口竞争力进行了省际间的综合比较分析和省际间的年度（2004~2012年）比较分析。第四部分是山东蔬菜产业综合竞争力评价及动态仿真分析。通过因子分析法，围绕山东蔬菜产业，对山东、河北、河南等蔬菜生产省份蔬菜产业综合竞争力进行了省际间的比较分析以及动态仿真分析。第五部分是山东蔬菜产业竞争力的主要影响因素及可持续发展策略。分析了影响山东蔬菜产业竞争力的主要因素，提出了可持续发展的几大策略及具体建议。

0.4 研究的主要方法

0.4.1 理论分析

以可持续发展理论和经典的竞争力理论为基础，借鉴科技管理学、政策科学以及公共选择等相关理论，通过定性分析的方法阐明蔬菜产业可持续发展能力和竞争力之间的动态耦合关系以及在较长时间跨度内表现出的正相关性。

0.4.2 实际调查

主要对涉及山东蔬菜产业发展动力、发展水平、社会影响、经济联系、产业贡献等方面（涉及面能体现可持续发展能力与竞争力的相关关系）进行调查，调查采用问卷的方式，选择有代表性的地区进行调查。目前已经和部分地区的企业、农村基层组织、政府达成合作意向，包括：山东寿光蔬菜种植基地调查，主要是关于蔬菜发展的动力、水平调查；山东乳山市政府在优质蔬菜生产管理的案例调查，主要是关于蔬菜产业的社会影响调查；山东莱阳龙大集团生产优质蔬菜指标案例调查，主要是关于蔬菜产业的经济联系、产业贡献的调查；利用高校不同省籍学生人力资源优势，对河北、河南、江苏、湖北、四川、广东、湖南、广西、辽宁等蔬菜生产大省的相关情况的调研。

0.4.3 因子分析法

所谓因子分析就是依据变量之间的相关性大小对变量进行分组，相关性较高的变量分在同组，而不同组的变量之间相关性较低。每一个组的变量形成的基本结构可以用不可测的综合变量表示，这一结构就是公共因子。因子分析的基本目的就是用少数几个因子去描述许多指标或因素之间的联系，以较少的几个因子反映原始资料的大部分信息，起到减少简化变量维数的目的。通过考察各省份历年出口竞争力综合得分，考察各省份历年综合竞争力得分以及趋势图的方式呈现各省份竞争力动态演化过程，进而对未来发展进行预测。

0.5 研究的主要成就

本研究主要的成就是：第一，通过大量的调研和资料查阅工作，进一步熟悉和了解山东蔬菜产业发展状况，大量的调研工作和资料查阅工作所搜集的相关信息，为学者进一步研究和企事业单位决策提供了一点便利。第二，研究了蔬菜产业竞争力仿真评价问题的实证方法，发现不论是因子分析法（或者改造后的主成分分析法）还是系统动力学方法，都能从不同角度和层次对产业竞争力进行仿真分析。研究得出的经验是，实证技术囊括系统要素越多，仿真结果的说服力越强。第三，根据研究目标，深入探索和明确回答了相关难点问题：蔬菜产业可持续发展能力和竞争力之间的关联性如何评价，关键阶段如何能做到两者兼顾；如何重新构建一个宽领域兼顾可持续发展能力的综合性评价指标体系；如何将各指标纳入预测模型对相关区域蔬菜产业竞争力动态变化进行仿真预测和比较分析，并提出对策建议等问题，这也是研究的最终归宿和难点。

1 山东蔬菜产业发展的基本情况

1.1 山东农业基本概况

山东是我国东部沿海的主要省份之一，位于黄河下游，全省地理上跨域北纬 34.20~38.24 度，东经 114.47~122.42 度。山东的东部地区是半岛，位于黄海、渤海之间；西部地区为内陆，与河北、河南、安徽和江苏 4 个省份相接。山东，简称"鲁"。2013 年年末，山东辖 17 个地级（包括地级以上），31 个县级，49 个辖区，60 个县，423 个街道办事处，295 个乡，1223 个镇。山东下辖的 17 个地级（包括地级以上）是济南、青岛、淄博、枣庄、东营、烟台、潍坊、济宁、泰安、威海、日照、莱芜、临沂、德州、聊城、滨州、菏泽，济南和青岛为副省级城。根据《山东 2010 年第六次全国人口普查主要数据公报》，全省的常住人口为 9879.31 万人，其中农业人口为 7272.79 万人，占 73.6%，农业人口所占比重比较大，所以山东是典型的农业大省。

山东的土地总面积共 15.67 万平方公里。全省的地形以平原和丘陵为主，其中平原面积占全省土地面积的 55.0%，丘陵面积占全省土地面积的 19.4%，山地面积占全省土地面积的 15.5%。鲁西南和鲁北地区主要是平原，由于黄河贯穿其中，形成了大面积的冲积平原，黄河入海口是著名的黄河三角洲地区，随着黄河入海口泥沙淤积等原因，土地面积不断扩大和延伸。2012 年，山东用于农业用地总面积为 23437.82 千公顷，其中耕地面积 11871.63 千公顷，耕地中旱地为 7510.76 千公顷，水浇地为 4360.87 千公顷。在山东所辖的地中，菏泽耕地面积最大，为1435.21千公顷；临沂的旱地面积最大，为842.64千公顷；旱地面积前5位的地区分别是临沂842.64千公顷、菏泽831.27千公顷、潍坊783.92千公顷、德州618.96千公顷、济宁600.58千公顷，旱地接近80%可以得到有效灌溉；农业耕地主要集中在鲁西南和鲁西北地区，而东部沿海地区相对较少，山东的耕地垦殖率高，在全国是比率最高的省份（见表1-1）。山东的土壤多样化比较明显，全省共有15种土类，其中，潮土、棕壤、褐土、砂姜黑土、水稻土、粗骨土6种土类非常适合农田和园地，其中潮土大约占耕地面积的50%。

表1-1 2012年山东各农业用地情况

单位：千公顷

地区	农业用地面积	耕地面积
全省总计	23437.82	11871.66
济南	1156.02	605.15
青岛	1542.57	711.49
淄博	772.57	341.70
枣庄	674.91	339.38
东营	696.39	320.26
烟台	1694.54	592.72
潍坊	2325.29	1167.69
济宁	1770.30	1009.86
泰安	1151.30	554.03
威海	704.87	252.51
日照	717.74	285.74
莱芜	251.10	103.44
临沂	2314.69	1003.46
德州	2010.52	1209.50
聊城	1804.34	1113.91
滨州	1445.67	825.61
菏泽	2405.00	1435.21

资料来源：根据《山东统计年鉴2013》相关数据计算得到。

由此可见，优良的土地和农耕条件，为山东蔬菜产业的发展提供了较好的自然条件。

山东跨越中温带和南温带，气候温和，年均气温 11~14℃，从东北沿海地区向西南内陆地区气温逐渐增高，属于大陆性季风气候，东部沿海略有海洋性气候的特征。山东的降水主要集中在夏季，占全年的 60%~70%，全省年平均降水量为 550~950 毫米。山东全省光照时数年均 2290~2890 小时，全年无霜期 173~250 天，从鲁东北沿海向鲁西南逐渐递增。以临沂为例，2012 年全年平均降水量为 854.2 毫米，平均气温为 13.8℃，平均日照时间为 2174.9 小时（见表 1-2）。这样的气候条件，非常适合蔬菜种植业的发展。

表 1-2 2012 年山东临沂气候资料

月份	平均降水量（毫米）	平均气温（℃）	平均日照时间（小时）
1	0.6	-0.8	146.2
2	3.1	0.4	151.4
3	34.1	6.5	154.8
4	35.2	15.9	215.5
5	7.3	22.3	255.3
6	17.5	24.8	181.7
7	372.7	27.7	196.6
8	168.2	25.7	173.0
9	116.0	20.8	194.1
10	9.7	16.3	202.1
11	48.1	6.6	172.6
12	41.7	-0.6	131.7
合计或年平均	854.2	13.8	2174.9

资料来源：根据《临沂统计年鉴 2013》相关数据计算得到。

山东水资源比较丰富，全省分属于黄、淮、海三大流域，中小河流以及湖泊小河流密布。近年来，山东各地的农田水利建设成效显著，2011 年，全省有效灌溉面积为 4955.9 千公顷，比 2010 年增加 1.2%；节水灌溉面积为 2429.97 千公顷，比 2010 年增加 7.9%；旱涝保收面积为 3621.83 千公顷；机电排灌面积为 4525.37 千公顷，比 2010 年增加 0.7%；灌溉机电井为 1087188 眼。2011 年，有效灌溉面积排名前 3 位的分别是潍坊、菏泽和聊城；节水灌溉面积排名前 3 位的分别是潍坊、烟台和聊城；旱涝保收面积排名前 3 位的分别是聊城、潍坊和济宁；机电排灌面积排名前3位的分别是潍坊、聊城和菏泽；灌溉机电井眼数排名前3位的分别是潍坊、济宁和菏泽（见表1-3）。由此可见，山东潍坊在农田水利基本建设方面优势比较显著。丰富的水资源和水利资源条件，是山东蔬菜产业发展的基本保障。

表1-3 2010年、2011年山东各农田水利基本情况

地区	有效灌溉面积（千公顷）	节水灌溉面积（千公顷）	旱涝保收面积（千公顷）	机电排灌面积（千公顷）	灌溉机电井（眼）
2010年全省总计	4897.44	2252.04	345.93	4490.98	1105344
2011年全省总计	4955.9	2429.97	3621.83	4525.37	1087188
济南	245	108.51	179.2	238.16	55485
青岛	331.69	166.18	235.01	308.51	71920
淄博	122.04	113.89	102.44	116.27	44389
枣庄	150.9	105.88	131.27	147.08	27440
东营	158.3	36.46	101.19	141.24	9341
烟台	270.29	260.16	211.01	223.62	54357
潍坊	536.71	343.74	414.44	493.61	171951
济宁	445.14	186.98	371.65	452.76	136181
泰安	257.37	160.26	168	239.22	53493
威海	149.76	102.41	97.01	107.92	8598
日照	114.63	79.26	74.69	76.65	9033
莱芜	39.59	38.23	28.41	28.34	8523
临沂	376.61	183.49	219.04	233.74	36836
德州	439.16	123.85	293.92	432.08	126880
聊城	494.07	214.67	417.02	493.03	107663
滨州	310.68	138.23	225.41	302.27	29337
菏泽	513.96	67.77	352.12	490.87	135761

资料来源：根据2012年《山东统计年鉴》计算。

山东2012年末拥有农业机械总动力12419.87万千瓦，比2011年增加2.66%；拥有拖拉机250.66万台，比2011年增加1.29%；拥有大中型拖拉机（14.7千瓦及以上）47.69万台，比2011年增加4.97%；拥有拖拉机配套农具420.86万部，比2011年增加0.92%；拥有农用水泵296.71万台，比2011年增

加 0.53%；拥有农村运输车 284.12 万台，比 2011 年减少 1.99%（见表 1-4）。优良的农用机械设备是发展现代农业以及现代种植业的重要物质资源，当然，也是进行大规模蔬菜生产的基本保障。

表 1-4 山东主要农用机械拥有的基本情况

指 标	单位	2009 年	2011 年	2012 年	2012 年比 2011 年增减（%）
农业机械总动力	（万千瓦）	11080.66	12098.25	12419.87	2.66
拖拉机	（万台）	236.76	247.46	250.66	1.29
	（万千瓦）	2932.49	3233.66	3364.59	4.05
大中型拖拉机（14.7 千瓦及以上）	（万台）	39.92	45.43	47.69	4.97
	（万千瓦）	1316.32	1580.36	1688.82	6.86
拖拉机配套农具	（万部）	382.48	417.01	420.86	0.92
大中型拖拉机配套农具	（万部）	81.24	94.51	98.56	4.28
机引犁	（万台）	146.30	145.09	143.95	-0.78
旋耕机	（万台）	29.24	32.68	31.77	-2.77
播种机	（万台）	61.04	66.28	66.82	0.82
农用水泵	（万台）	293.82	295.16	296.71	0.53
节水灌溉类机械	（万套）	46.64	49.45	48.69	-1.53
农村运输车	（万台）	273.44	289.88	284.12	-1.99

资料来源：2010 年、2012 年、2013 年《山东统计年鉴》。

1.2 山东蔬菜产业的基本概况

1.2.1 山东蔬菜产业的重要地位

山东是一个生物资源非常丰富的省份。在植物资源中，有小麦、玉米、谷子、水稻等粮食作物，有棉花、花生等经济作物 40 余种，有蔬菜、瓜类等 60 余种，有果树、林木等木本植物将近70种。山东是全国闻名的粮食、花生、蔬菜和水果产区，其产量和质量在全国也是名列前茅。根据《山东优势农产品区域布局规划》，目前已有中西部平原地区的优质粮棉产区、鲁东及鲁中南的花生产区、鲁东南和鲁北的优质蔬菜产区、胶东半岛及泰沂山区的优质果品产区等8个重要的优势产业带。山东的蔬菜生产拥有优越的自然条件、比较完善的农业基础设施，特别是进入20世纪90年代以后，蔬菜生产逐渐由以城郊生产为主转向大规模基地化生产，由以秋季蔬菜生产为主转向四季蔬菜生产，由普通廉价的大众型蔬菜生产为主转向更加精细化的蔬菜生产。山东蔬菜的产量、产值（包括出口产量和产值）连续多年蝉联全国第一，蔬菜种植结构也不断丰富，已经形成和确立了拥有100多个种类3000多个品种的全国蔬菜种植"龙头"地位，是名副其实的全国"大菜园"。

山东蔬菜产业在山东农业中的地位举足轻重，特别体现在山东蔬菜产业的产值在山东种植业中占有重要地位。如表1-5和图1-1所示，蔬菜产值占农林牧副渔总产值的比重在1999年为22.01%，相当于粮食作物所占比重的22.30%，而水果产值所占比重仅为4.92%；2000~2012年，蔬菜的产值占农林牧副渔总产值超过粮食作物所占比重，2000年，前者为24.19%，后者为18.47%；蔬菜、粮食作物和水果都是种植业的主要产品，属于农林牧副渔中农业经济的部分，1999~2012年这些产品产值占农业经济产值的比重也反映了蔬菜产值比重的相对提高。1999年，蔬菜产值占农业产值比重为38.63%，粮食产值占农业产值比重为22.30%，水果产值仅占农业产值比重的8.64%，而2000年，蔬菜产值所占比重超过了粮食作物所占比重，蔬菜产值所占比重为42.68%，粮食作物所占比重为32.59%；从1999~2012年整体发展变化来看，蔬菜产值占农林牧副渔总产值比重以及占农业产值比重稳定在24%及43%左右，但所占比重有下降趋势；粮食作物占农林牧副渔总产值比重以及占农业产值比重稳定在22%及31%左右，但所占比重有下降趋势；水果占农林牧副渔总产值比重以及占农业产值比重稳定在8%及15%，所占比重有上升趋势。由此可见，从产值的角度来看，蔬菜产业是山东种植业以及农业经济中的第一大产业，支柱性产业的特征非常显著。

表1-5 1999~2012年山东蔬菜、粮食和水果的产值（按照当年价格）

年份	蔬菜（含菜用瓜）产值（亿元）	占农林牧副渔总产值的比重（%）	占农业产值的比重（%）	粮食作物（亿元）	占农林牧副渔总产值的比重（%）	占农业产值的比重（%）	水果（含坚果和果用瓜）（亿元）	占农林牧副渔总产值的比重（%）	占农业产值的比重（%）
1999	484.80	22.01	38.63	491.36	22.30	39.16	108.47	4.92	8.64
2000	555.04	24.19	42.68	423.79	18.47	32.59	115.48	5.03	8.88
2001	611.47	24.92	43.63	441.29	17.98	31.49	129.12	5.26	9.21
2002	678.43	26.86	47.75	395.80	15.67	27.86	200.97	7.96	14.14
2003	670.80	23.11	41.94	437.61	15.08	27.36	215.32	7.42	13.46
2004	741.90	21.48	39.22	582.87	16.88	30.81	250.87	7.26	13.26
2005	788.38	21.07	38.76	642.21	17.16	31.57	300.43	8.03	14.77
2006	888.60	21.89	38.92	671.98	16.56	29.43	337.15	8.31	14.77
2007	1044.20	21.84	40.10	772.37	16.16	29.66	411.56	8.61	15.80
2008	1085.00	19.21	37.47	840.46	14.88	29.20	451.28	7.99	15.58
2009	1403.50	23.38	43.53	881.95	14.69	27.36	507.19	8.45	15.73
2010	1515.07	22.78	41.28	842.77	12.67	22.96	580.90	8.73	15.83
2011	1334.95	18.02	34.73	942.27	12.72	24.52	697.25	9.41	18.14
2012	1295.32	16.30	32.70	975.27	12.27	24.62	870.31	10.95	21.97

资料来源：根据历年《山东统计年鉴》计算。

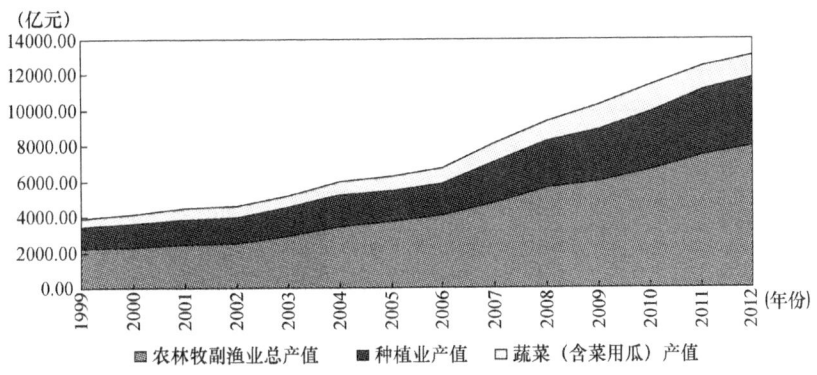

图1-1 山东历年蔬菜产值、种植业产值和农林牧副渔业产值情况

资料来源：根据历年《山东统计年鉴》计算。

2010年，山东粮食产值排名前5位的地区依次是德州、济宁、菏泽、潍坊和临沂；蔬菜产值排名前5位的地区依次是潍坊、济宁、聊城、济南和临沂；两者之差最大的排名前5位的是德州、菏泽、滨州、烟台和临沂；济南、枣庄、潍坊、泰安、莱芜、聊城6市的蔬菜产值大于粮食产值，其余11市的蔬菜产值小于粮食产值。2011年，山东粮食产值排名前5位的地区依次是德州、济宁、聊城、菏泽和潍坊；蔬菜产值排名前5位的地区依次是潍坊、济宁、聊城、济南和临沂；两者之差最大的排名前5位的是潍坊、济南、临沂、枣庄和滨州；济南、淄博、枣庄、东营、潍坊、济宁、泰安、莱芜、临沂、聊城10市的蔬菜产值大于粮食产值，其余7市的蔬菜产值小于粮食产值。2010~2011年，蔬菜产值大于粮食产值的地区数量增加了4个，说明蔬菜产业的地位是呈现不断上升态势的（见表1-6）。

表1-6　2010~2011年山东各市农业分项的产值（按照当年价格）

单位：亿元

地区	2011年			地区	2010年		
	蔬菜产值	粮食产值	两者之差		蔬菜产值	粮食产值	两者之差
济南	131.52	63.87	67.65	济南	124.97	78.60	46.37
青岛	70.10	70.82	-0.72	青岛	84.12	106.53	-22.41
淄博	45.68	36.95	8.73	淄博	44.24	45.58	-1.34
枣庄	87.35	39.88	47.47	枣庄	81.36	50.35	31.01
东营	27.61	17.23	10.38	东营	22.82	42.94	-20.12
烟台	36.76	58.65	-21.89	烟台	44.24	95.49	-51.25
潍坊	181.99	102.23	79.76	潍坊	163.28	143.22	20.06
济宁	142.20	113.16	29.04	济宁	155.42	168.07	-12.65
泰安	89.94	65.63	24.31	泰安	95.35	85.00	10.35
威海	17.40	19.92	-2.52	威海	15.82	33.91	-18.09
日照	23.53	25.31	-1.78	日照	25.01	44.82	-19.81
莱芜	27.35	5.54	21.81	莱芜	28.10	12.51	15.59
临沂	111.90	82.21	29.69	临沂	101.45	130.59	-29.14
德州	59.94	158.35	-98.41	德州	48.60	169.51	-120.91
聊城	136.90	112.04	24.86	聊城	138.50	116.10	22.4
滨州	28.05	66.32	-38.27	滨州	26.23	102.42	-76.19
菏泽	65.29	109.65	-44.36	菏泽	69.44	157.58	-88.14

资料来源：2011年、2012年《山东农村统计年鉴》。

将产值折算平摊到每亩耕地上,根据简单测算,2012年山东蔬菜产业的每亩产值为4781.54元,为全省平均耕亩产值的1.3倍,即蔬菜用24%的耕地形成了32.7%的产值,土地产出和回报率是比较高的。根据调研,蔬菜产业是劳动密集型产业,目前种植1公顷蔬菜的平均工作日时数需要3500~4500个;不仅如此,蔬菜产品的流通、加工以及后续的服务和出口贸易等环节都会创造大量的就业机会。经过估算,山东蔬菜产业整体产业链条将带动2500万~3000万人的就业,这一数字占到山东农村劳动力的一半以上。由此可见,山东蔬菜产业在整个山东农业经济中地位的举足轻重以及支柱性产业的特征,发展山东蔬菜产业对于山东农业经济和农村社会进步、农民收入增加以及农民生活水平的提高都具有至关重要的作用。

1.2.2 山东蔬菜产业的供给情况

蔬菜是山东的重要经济作物,栽培历史悠久,品种资源丰富,有多种名优蔬菜闻名于世,被称为世界"三大菜园"之一。

(1)种植面积和产量①。

从2008年至2012年的统计数据来看,全国蔬菜种植面积大于1000千公顷的主要省份稳定在山东、河南、江苏、四川、湖南、广东、河北、湖北等省,说明蔬菜生产的区域布局也基本稳定。2008年、2009年全国蔬菜种植面积大于1000千公顷的省份有8个,2010年以后增加到9个,广西也成为较大的蔬菜种植地区。从2008年至2012年的情况看,近5年来山东的蔬菜种植面积一直是全国最大的,稳定在1800千公顷上下(见表1-7)。

表1-7 全国蔬菜种植面积大于1000千公顷的主要省份

单位:千公顷

2008年		2009年		2010年		2011年		2012年	
省份	面积	省份	面积	省份	面积	省份	面积	省份	面积
山东	1725.1	山东	1756.0	山东	1771.0	山东	1791.2	山东	1806.0
河南	1713.7	河南	1692.2	河南	1704.0	河南	1720.1	河南	1730.3
广东	1112.6	江苏	1147.6	江苏	1230.0	江苏	1260.2	江苏	1323.4
四川	1102.1	广东	1138.4	广东	1180.0	广东	1208.8	四川	1253.9

① 山东历年蔬菜产量和播种面积的数据见附表1-1、附图1-1、附图1-2。

续表

2008年		2009年		2010年		2011年		2012年	
省份	面积	省份	面积	省份	面积	省份	面积	省份	面积
河北	1101.4	四川	1129.6	四川	1166.0	四川	1205.7	湖南	1239.2
江苏	1093.4	河北	1100.9	河北	1139.0	湖南	1193.8	广东	1229.2
湖北	1016.0	湖北	1079.3	湖南	1133.0	河北	1157.9	河北	1203.0
湖南	1003.0	湖南	1063.7	湖北	1021.0	湖北	1062.2	湖北	1138.7
				广西	1008.0	广西	1040.7	广西	1075.4

资料来源:《湖南农村统计年鉴2013》、《中国农村统计年鉴2009》。

2008~2012年,山东各地区蔬菜种植面积大于100千公顷的地区稳定在济宁、潍坊、菏泽、聊城、泰安、临沂和青岛。济宁的蔬菜种植面积连续4年全省排名第一,2012年潍坊的蔬菜种植面积为全省排名第一(见表1-8)。由此可见,山东蔬菜种植区域分布主要集中在鲁南、鲁北和半岛地区。济宁的金乡县是全国知名的大蒜和洋葱生产基地;任城区是重要的蔬菜水果生产基地,任城区也是鲁西南规模比较大的蔬菜产区之一;汶上县的寅寺镇也是重要的蔬菜种植基地。潍坊的寿光是全国知名的蔬菜种植基地和蔬菜集散地,特别是寿光的种植面积超过70万亩,蔬菜大棚超过20万个;高密是韩国辣椒的重要生产基地,种植面积超过1000亩。菏泽的定陶县、鄄城、单县、曹县是较大的蔬菜种植基地,都拥有面积上千亩的大规模种植区域。聊城莘县柿子圆村、莘县燕店镇、高唐县是较大的蔬菜种植基地。泰安肥城、东平县是较大的蔬菜种植基地。临沂的沂南县蔬菜种植面积超过50万亩,苍山县蔬菜种植面积超过100万亩,是山东重要的蔬菜种植基地。青岛的即墨和平度是重要的蔬菜种植基地,其中即墨的大棚和露天蔬菜种植面积超过30万亩。

表1-8 山东各地区历年蔬菜种植面积(按种植面积由大到小排序)

单位:千公顷

2008年		2009年		2010年		2011年		2012年	
地区	面积	地区	面积	地区	面积	地区	面积	地区	面积
济宁	242.32	济宁	230.04	济宁	219.49	济宁	207.99	潍坊	188.59
菏泽	180.93	潍坊	173.76	潍坊	179.04	潍坊	188.21	济宁	178.41
潍坊	175.25	聊城	161.21	聊城	159.92	菏泽	157.76	菏泽	157.86

续表

2008年		2009年		2010年		2011年		2012年	
地区	面积	地区	面积	地区	面积	地区	面积	地区	面积
聊城	164.72	菏泽	146.46	菏泽	156.78	聊城	154.87	聊城	155.36
临沂	134.75	泰安	131.12	泰安	132.28	泰安	134.50	泰安	134.21
泰安	127.14	临沂	124.71	临沂	128.70	临沂	129.39	临沂	130.82
青岛	116.19	青岛	106.29	青岛	107.37	青岛	103.55	青岛	101.14
枣庄	96.15	济南	96.42	济南	97.12	济南	97.87	济南	99.27
济南	91.23	枣庄	91.34	枣庄	89.43	枣庄	89.01	德州	91.96
德州	76.52	德州	73.36	德州	83.72	德州	84.35	枣庄	88.23
烟台	54.26	烟台	46.09	烟台	41.98	烟台	39.91	烟台	39.81
滨州	33.73	滨州	34.15	滨州	33.36	滨州	33.30	滨州	39.50
东营	33.18	东营	30.84	莱芜	29.33	莱芜	29.55	淄博	28.70
莱芜	32.00	莱芜	29.27	东营	27.58	淄博	28.01	莱芜	27.86
淄博	26.95	淄博	28.05	淄博	27.25	东营	22.36	东营	22.55
威海	20.67	威海	19.93	威海	19.05	威海	18.96	威海	19.82
日照	20.54	日照	18.73	日照	17.45	日照	17.17	日照	17.03

资料来源：历年《山东统计年鉴》。

从2010年至2012年全国蔬菜产量来看，2010年全国蔬菜产量65099.41万吨，排名前10位的省份依次是山东、河北、河南、江苏、四川、湖北、湖南、广东、辽宁和安徽；2011年全国蔬菜产量为67929.70万吨，排名前10位的省份依次是山东、河北、河南、江苏、四川、湖北、湖南、广东、辽宁和广西。2012年全国蔬菜产量为70883.10万吨，排名前10位的省份依次是山东、河北、河南、江苏、四川、湖北、湖南、广东、辽宁和广西。如果按照单产来衡量，2010年全国蔬菜单产为3.43万吨/千公顷，排名前10位的省份依次是河北、辽宁、新疆、山东、内蒙古、天津、北京、吉林、宁夏和山西，这10个省份单产水平都超过全国平均水平；2011年全国蔬菜单产为3.46万吨/千公顷，排名前10位的省份依次是河北、辽宁、新疆、内蒙古、山东、天津、北京、山西、吉林和宁夏，这10个省份单产水平都超过全国平均水平；2012年全国蔬菜单产为3.48万吨/千公顷，排名前10位的省份依次是河北、辽宁、新疆、山东、内蒙古、天津、北京、山西、宁夏和河南，这10个省份单产水平都超过全国平均水平（见表1-9）。

表1-9　2010~2012年全国各省份蔬菜产量、面积及单产

地区	2010年			2011年			2012年		
	蔬菜产量（万吨）	蔬菜播种面积（千公顷）	单产（万吨/千公顷）	蔬菜产量（万吨）	蔬菜播种面积（千公顷）	单产（万吨/千公顷）	蔬菜产量（万吨）	蔬菜播种面积（千公顷）	单产（万吨/千公顷）
全国	65099.41	19000.00	3.43	67929.70	19639.00	3.46	70883.10	20353.00	3.48
北京	303.00	67.54	4.49	296.90	66.80	4.44	279.90	64.10	4.37
天津	419.31	84.90	4.94	431.30	87.11	4.95	447.70	88.90	5.04
河北	7073.60	1138.60	6.21	7384.30	1157.86	6.38	7695.13	1203.00	6.40
山西	909.10	228.50	3.98	981.90	228.58	4.30	1073.34	247.80	4.33
内蒙古	1350.90	264.00	5.12	1440.20	270.83	5.32	1476.30	288.40	5.12
辽宁	2668.23	430.20	6.20	2833.00	465.40	6.09	2977.60	487.10	6.11
吉林	1078.80	245.50	4.39	971.40	236.86	4.10	957.54	237.40	4.03
黑龙江	723.83	184.50	3.92	789.93	223.13	3.54	866.41	249.90	3.47
上海	398.10	132.10	3.01	408.24	136.29	3.00	406.93	134.20	3.03
江苏	4234.00	1229.80	3.44	4586.90	1260.20	3.64	4984.60	1323.40	3.77
浙江	1815.61	618.60	2.94	1815.61	624.46	2.91	1819.81	623.30	2.92
安徽	2137.40	775.61	2.76	2214.00	788.98	2.81	2327.50	810.60	2.87
福建	1487.34	667.03	2.23	1623.41	679.35	2.39	1673.93	692.20	2.42
江西	1115.31	521.20	2.14	1165.75	535.54	2.18	1213.11	547.50	2.22
山东	9180.93	1770.80	5.18	9180.93	1791.21	5.13	9386.01	1806.00	5.20
河南	6709.74	1704.10	3.94	6709.74	1720.10	3.90	7011.70	1730.30	4.05
湖北	3131.53	1020.84	3.07	3358.60	1062.20	3.16	3506.40	1138.70	3.08
湖南	3122.93	1133.10	2.76	3337.40	1193.80	2.80	3480.91	1239.20	2.81
广东	2718.60	1179.80	2.30	2851.00	1208.81	2.36	2982.71	1229.20	2.43
广西	2129.44	1007.60	2.11	2246.40	1040.72	2.16	2356.72	1075.40	2.19
海南	442.41	214.60	2.06	469.10	224.97	2.09	499.00	229.50	2.17
重庆	1309.54	589.10	2.22	1408.00	618.63	2.28	1509.34	652.70	2.31
四川	3408.30	1166.20	2.92	3573.65	1205.65	2.96	3764.72	1253.90	3.00
贵州	1202.04	647.92	1.86	1250.10	708.52	1.76	1375.63	774.30	1.78
云南	1255.03	671.30	1.87	1340.00	735.13	1.82	1472.70	803.80	1.83
西藏	58.12	21.33	2.72	60.10	22.40	2.68	65.60	23.70	2.77
陕西	1384.02	444.00	3.12	1432.50	458.28	3.13	1525.62	477.10	3.20
甘肃	1235.50	395.00	3.13	1320.60	415.40	3.18	1460.42	454.00	3.22
青海	134.43	40.08	3.35	144.61	42.04	3.44	158.75	48.80	3.25
宁夏	407.42	101.40	4.02	438.71	107.30	4.09	471.11	111.60	4.22
新疆	1734.40	303.60	5.71	1866.20	322.61	5.78	1656.02	306.90	5.40

资料来源：根据历年《山东统计年鉴》、《中国农村统计年鉴》、《光辉山东60年全省统计资料》数据并计算。

如图1-2所示,2012年全国蔬菜产量排名前10位的省份依次是山东、河北、河南、江苏、四川、湖北、湖南、广东、辽宁和广西;山东蔬菜产量比第二名的河北省产量多1690.88万吨,相当于福建全年的蔬菜产量;山东蔬菜总产量占全国蔬菜产量的13.24%,而山东、河北、河南、江苏、四川、湖北、湖南、广东、辽宁和广西蔬菜总产量占当年全国蔬菜总产量的65.89%。

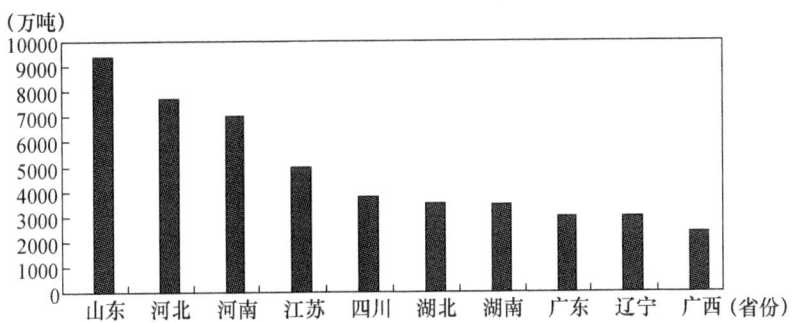

图1-2　2012年蔬菜总产量前10位的省份及其总产量

从2008年至2012年山东各地区蔬菜总产量来看,年产量达到500万吨的主要稳定在潍坊、聊城、泰安、菏泽、济宁、济南、临沂、青岛等地区。从2008年开始,潍坊的蔬菜产量一直居山东各地区的首位。2008年潍坊的蔬菜产量为974.66万吨,2012年达到1152.99万吨,5年间增长了近200万吨;济宁的蔬菜产量也位居前列,2008年的产量为919.22万吨,但从2010年开始,产量不断下滑,到2012年跌落到652.81万吨,减少了266.41万吨;聊城的蔬菜产量从2008年开始一直比较稳定,基本维持在每年850万吨左右的水平(见表1-10)。

表1-10　山东各地区历年蔬菜产量(按产量由大到小顺序排列)

单位:万吨

2008年		2009年		2010年		2011年		2012年	
地区	产量	地区	产量	地区	产量	地区	产量	地区	产量
潍坊	974.66	潍坊	1006.88	潍坊	1089.84	潍坊	1129.57	潍坊	1152.99
济宁	919.22	济宁	918.50	聊城	853.15	聊城	854.04	聊城	861.78
聊城	873.39	聊城	860.32	济宁	805.26	济宁	768.43	泰安	775.46

续表

2008年		2009年		2010年		2011年		2012年	
地区	产量	地区	产量	地区	产量	地区	产量	地区	产量
菏泽	738.92	泰安	713.60	泰安	733.40	泰安	760.20	菏泽	695.73
泰安	681.33	菏泽	643.31	菏泽	685.93	菏泽	691.27	济宁	652.81
青岛	611.89	济南	591.18	济南	601.44	济南	617.82	济南	633.62
临沂	592.86	临沂	568.90	青岛	580.78	临沂	600.47	临沂	627.66
济南	548.36	青岛	567.94	临沂	576.64	青岛	583.82	青岛	569.76
枣庄	443.17	枣庄	437.51	德州	450.06	德州	450.25	德州	491.31
德州	386.88	德州	379.70	枣庄	436.11	枣庄	438.65	枣庄	441.47
烟台	265.72	淄博	224.32	淄博	217.95	淄博	216.80	淄博	221.52
东营	216.38	烟台	210.92	烟台	199.42	烟台	192.94	烟台	195.67
淄博	211.65	东营	200.00	滨州	178.64	滨州	184.59	滨州	179.97
滨州	186.94	滨州	181.58	东营	175.96	东营	146.39	东营	146.94
莱芜	114.78	威海	103.44	莱芜	98.27	莱芜	102.10	莱芜	98.99
日照	112.30	日照	103.29	日照	97.47	日照	96.53	威海	94.84
威海	108.90	莱芜	103.12	威海	88.87	威海	90.79	日照	90.71

资料来源：历年《山东统计年鉴》。

（2）品种结构。

山东作为中国的主要蔬菜产区，其蔬菜品种是多种多样的。目前山东蔬菜生产品种主要以白菜类和瓜菜类为主。据统计，山东目前（2000年数据）栽培面积超过300千公顷的蔬菜种类有7种，其中大白菜1305千公顷，产量为173万吨；黄瓜771千公顷，产量为150万吨；番茄669千公顷，产量为123万吨；大葱490千公顷，产量为88万吨；萝卜431千公顷，产量为75万吨；辣椒343千公顷，产量为101万吨；茄子307千公顷，产量为101万吨。

图1-3和图1-4反映了各品种蔬菜所占比重（以7种蔬菜总量为100%），2000年，大白菜所占面积的比重为30%，种植面积是最大的，其他依次是黄瓜、番茄、大葱、萝卜、辣椒和茄子。从产量的角度来看，大白菜所占比重为23%，其他依次是黄瓜、番茄、辣椒、大葱、萝卜和茄子。

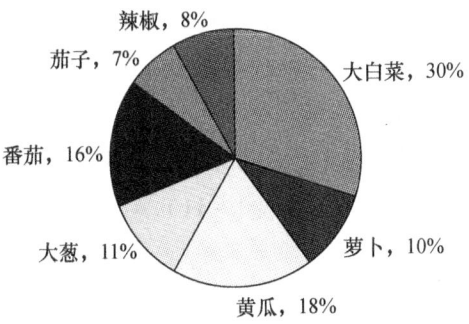

图 1-3 2000 年山东主要蔬菜品种种植面积

资料来源：根据历年《山东统计年鉴》、《中国农村统计年鉴》、《光辉山东 60 年全省统计资料》等数据并计算。

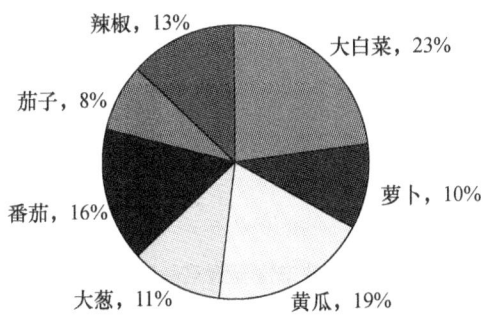

图 1-4 2000 年山东主要蔬菜品种产量

资料来源：根据历年《山东统计年鉴》、《中国农村统计年鉴》、《光辉山东 60 年全省统计资料》等数据并计算。

以东营市为例，2012 年，东营市各类蔬菜按照产量大小依次是：白菜类 21.08 万吨，葱蒜类 18.89 万吨，叶菜类 16.55 万吨，根茎类 16.17 万吨，瓜菜类 8.62 万吨，菜用豆类 5.35 万吨，食用菌类 5.30 万吨，其他蔬菜 3.78 万吨，水生菜类 3.14 万吨，甘蓝类 2.84 万吨，茄果菜类 2.08 万吨（见图 1-5）。

白菜类蔬菜主要包括大白菜；葱蒜类蔬菜主要包括大葱、葱头；叶类蔬菜主要包括芹菜、油菜、菠菜；根茎类蔬菜主要包括白萝卜、胡萝卜、生姜、马铃薯；瓜菜类蔬菜主要包括黄瓜、南瓜；菜用豆类蔬菜主要包括豇豆、四季豆；食用菌类蔬菜主要包括蘑菇、香菇、黑木耳；其他蔬菜；水生蔬菜主要包括莲藕；

甘蓝类蔬菜主要包括卷心菜；茄果类蔬菜主要包括茄子、辣椒、西红柿。以东营市为例，2012年各主要蔬菜品种的种植面积和产量如表1-11所示。从种植面积来看，排在前5名的分别是西红柿、葱头、大白菜、胡萝卜和黄瓜；从产量来看，前5位分别是西红柿、大白菜、胡萝卜、葱头和芹菜。由此可见，东营市的蔬菜以白菜类、葱蒜类蔬菜为主（见表1-11）。

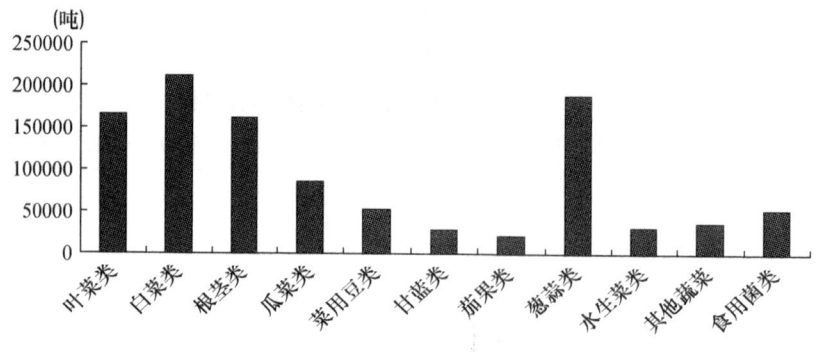

图1-5　2012年东营市主要蔬菜品种产量

资料来源：《东营统计年鉴2013》。

表1-11　2012年东营市主要蔬菜品种种植面积和产量

主要蔬菜品种	面积（公顷）	产量（万吨）
大白菜	2839	20.17
大葱	857	5.91
葱头	4037	8.13
芹菜	1007	7.64
油菜	560	3.07
菠菜	617	3.35
白萝卜	549	3.17
胡萝卜	1398	11.95
生姜	7	0.04
马铃薯	27	0.10
黄瓜	1055	6.40
南瓜	56	0.36

续表

主要蔬菜品种	面积（公顷）	产量（万吨）
豇豆	42	0.20
四季豆	79	0.31
蘑菇	—	5.23
香菇	—	0.04
黑木耳	—	0.03
其他蔬菜	474	3.78
莲藕	699	3.14
卷心菜	368	2.36
茄子	993	6.53
辣椒	294	2.08
西红柿	4258	33.95

资料来源：《东营统计年鉴2013》。

1.2.3 山东蔬菜产业的消费情况

随着山东城乡居民收入的增加和生活条件的改善，城乡居民消费蔬菜的数量结构发生了比较大的改变。总体来看，蔬菜消费在城乡居民家庭人均食品消费结构中的比重逐步下降，譬如，2002年农村居民家庭人均蔬菜消费量为107.73千克，而2012年仅为70.88千克，主要是肉类、禽蛋类以及粮食类产品比重上升产生的替代效应；农村居民家庭人均蔬菜消费方面比城镇居民家庭的消费量要大，譬如，根据现有的统计资料，2003～2006年城镇居民家庭人均蔬菜消费量比农村居民家庭的人均消费量要小，但这种差距逐年缩小，这也说明农村居民食品结构的优化和丰富（见表1－12）。近年来，城乡居民对于蔬菜消费的品种要求不断提高，品种的多样化和精细化是山东蔬菜产品消费的一个趋势，大白菜、大葱、葱头、芹菜、油菜、菠菜、白萝卜、胡萝卜、生姜、马铃薯、黄瓜、南瓜、豇豆、四季豆、蘑菇、香菇、黑木耳、莲藕、卷心菜、茄子、辣椒、西红柿、其他蔬菜等成为城乡居民蔬菜消费常见的品种。随着设施蔬菜的不断完善，特别是大棚蔬菜种植面积的不断扩大，山东城乡居民蔬菜的消费已经打破了原来季节时令的限制，可以种植任何一种反季节的蔬菜品种，极大地丰富了城乡居民的餐桌。值得一提的是,近年来,许多蔬菜不仅仅是作为重要食物,也作为观赏产品出现,譬如,随着蔬菜产业的发展,近年来还出现了许多从国外引进的稀有蔬菜品种或者观赏蔬菜品种,像樱桃番茄、蝶形南瓜、七彩椒等,这些产品对于增加蔬菜产业的附加值产生了积极作用。

表1-12 山东城乡居民家庭历年人均蔬菜消费量

单位:千克/人

年份	农村居民家庭人均消费量	城镇居民家庭人均消费量
2002	107.73	108.15
2003	118.19	104.22
2004	118.71	108.15
2005	72.86	105.45
2006	77.48	107.40
2007	79.34	—
2008	78.98	—
2009	74.32	—
2010	70.93	—
2011	77.91	—
2012	70.88	—

资料来源:历年《山东城市统计年鉴》、《山东调查年鉴》和《山东统计年鉴》。

1.2.4 山东蔬菜产业的出口贸易情况

蔬菜出口是山东蔬菜经营的一大特色。蔬菜出口的持续增长和出口规模的不断扩大,对加快山东对外贸易的发展、提高产业化水平、拓宽农业发展空间、促进农村经济全面发展,发挥了十分重要的作用。

(1) 蔬菜出口贸易在山东农产品出口中的地位。

山东是农业大省,同时也是农产品出口大省。根据有关统计资料(见表1-13),选取2012年出口金额上千万美元的八大类农产品,即蔬菜(含根茎)、谷物及谷粉、食用油籽、鲜干水果及坚果、鲜冻猪肉、禽蛋、烘焙花生、中药材,考察了2004年以来6年间的出口金额变动及出口份额变动情况。从2004年至2012年的其中6年来看,蔬菜、食用油籽、鲜干水果及坚果、禽蛋、烘焙花生、中药材出口金额（不考虑价格因素，下同）呈现上升趋势，而谷物及谷粉、鲜冻猪肉的出口金额呈现下降趋势，这主要是与农产品在满足国内市场需求后的剩余产能有关。2004年以来的6年间，蔬菜出口的金额最大，其次主要是食用油籽、鲜干水果及坚果、烘焙花生。由此可以判断，山东农产品出口的主要商品集中在蔬菜、油料、水果和花生类产品，体现了山东种植业产品种类的基本特点。

表1-13　山东历年主要农产品出口金额（按照当年价格）

单位：亿美元

年份	蔬菜（含根茎）	谷物及谷粉	食用油籽	鲜干水果及坚果	鲜冻猪肉	禽蛋	烘焙花生	中药材
2004	9.967	0.224	2.299	2.382	1.040	0.100	1.271	0.067
2006	16.696	0.275	2.105	3.720	0.352	0.109	1.572	0.091
2008	15.557	0.254	2.719	6.044	0.101	0.173	2.061	0.182
2010	34.511	0.082	2.379	7.550	0.131	0.160	1.844	0.308
2011	37.174	0.184	2.466	9.001	0.187	0.186	3.107	0.212
2012	28.436	0.106	2.557	9.107	0.097	0.173	4.582	0.300

资料来源：历年《中国农业年鉴》。

根据表1-13及有关数据，上述主要农产品历年出口额占当年山东农产品出口总额的比重分别为：2004年，蔬菜占58.00%、谷物及谷粉1.30%、食用油籽13.38%、鲜干水果及坚果13.86%、鲜冻猪肉6.05%、烘焙花生7.40%；2006年，蔬菜占67.54%、谷物及谷粉1.10%、食用油籽8.52%、鲜干水果及坚果15.05%、鲜冻猪肉1.42%、烘焙花生6.36%；2008年，蔬菜占58.19%、谷物及谷粉0.95%、食用油籽10.17%、鲜干水果及坚果22.61%、鲜冻猪肉0.38%、烘焙花生7.71%；2010年，蔬菜占74.22%、谷物及谷粉0.18%、食用油籽5.12%、鲜干水果及坚果16.24%、鲜冻猪肉0.28%、烘焙花生3.97%；2011年，蔬菜占71.32%、谷物及谷粉0.35%、食用油籽4.73%、鲜干水果及坚果17.27%、鲜冻猪肉0.36%、烘焙花生5.96%；2012年，蔬菜占63.35%、谷物及谷粉0.24%、食用油籽5.70%、鲜干水果及坚果20.29%、鲜冻猪肉0.22%、烘焙花生10.21%。由此可见，近年来，山东出口的上述主要农产品结构并未发生较大变化，仍旧维持蔬菜产品第一位这样一个稳定的格局。

(2) 出口数量和金额。

2012年，全国蔬菜出口总量为730.55万吨，占当年产量的1.03%；按照出口总量，全国排名前10位的蔬菜出口省份依次是：山东、广东、云南、江苏、福建、广西、黑龙江、浙江、辽宁和内蒙古。2012年山东蔬菜出口315.02万吨，占当年产量的3.36%；广东蔬菜出口81.34万吨，占当年产量的2.73%；云南蔬菜出口56.96万吨，占当年产量的3.87%；江苏蔬菜出口56.61万吨，占当年产量的1.14%；福建蔬菜出口41.71万吨，占当年产量的2.49%；广西蔬菜出口34.64万吨，占当年产量的1.47%；黑龙江蔬菜出口25.60万吨，占当年产量的2.96%；浙江蔬菜出口21.20万吨，占当年产量的1.16%；辽宁蔬菜出口18.84万吨，占当年产量的0.63%；内蒙古蔬菜出口15.71万吨，占当年产量的1.06%；云南蔬菜出口总量占当年产量的比重最高（见表1-14）。

表1-14　2012年全国各省份蔬菜出口数量

地区	蔬菜出口数量（万吨）	占蔬菜产量的比重（%）
全国	730.55	1.03
北京	4.17	1.49
天津	5.19	1.16
河北	9.13	0.12
山西	0.07	0.01
内蒙古	15.71	1.06
辽宁	18.84	0.63
吉林	5.56	0.58
黑龙江	25.60	2.96
上海	9.32	2.29
江苏	56.61	1.14
浙江	21.20	1.16
安徽	3.58	0.15
福建	41.71	2.49
江西	1.88	0.15
山东	315.02	3.36
河南	10.05	0.14

续表

地区	蔬菜出口数量（万吨）	占蔬菜产量的比重（%）
湖北	6.32	0.18
湖南	0.52	0.02
广东	81.34	2.73
广西	34.64	1.47
海南	0.47	0.09
重庆	0.57	0.04
四川	1.70	0.05
贵州	0.04	0.01
云南	56.96	3.87
西藏	0.55	0.84
陕西	0.32	0.02
甘肃	0.83	0.06
青海	0.00	0.00
宁夏	0.20	0.04
新疆	2.45	0.15

资料来源：根据《中国农业年鉴2013》、《中国农村统计年鉴2013》数据并计算。

2012年全国蔬菜出口金额为74.36亿美元，占当年出口总金额的0.36%，按照出口金额，排在前10名的省份依次是：山东、福建、江苏、云南、浙江、湖北、广东、辽宁、河南、广西。山东2012年蔬菜出口金额28.44亿美元，占当年山东出口总金额的2.09%；广西蔬菜出口金额占当年广西出口总金额的比重是全国最高的（见表1-15）。

表1-15 2012年全国各省份蔬菜出口金额

地区	蔬菜出口金额（亿美元）	占当年出口总金额的比重（%）
全国	74.36	0.36
北京	0.59	0.19
天津	0.57	0.12
河北	0.92	0.25
山西	0.01	0.01

续表

地区	蔬菜出口金额（亿美元）	占当年出口总金额的比重（%）
内蒙古	0.46	0.85
辽宁	2.60	0.50
吉林	0.52	0.86
黑龙江	1.55	1.56
上海	1.72	0.09
江苏	5.93	0.18
浙江	4.07	0.17
安徽	0.70	0.34
福建	7.88	0.89
江西	0.17	0.08
山东	28.44	2.09
河南	2.38	0.74
湖北	3.64	1.94
湖南	0.04	0.03
广东	3.15	0.05
广西	2.22	2.41
海南	0.07	0.25
重庆	0.13	0.04
四川	0.57	0.18
贵州	0.01	0.03
云南	5.29	9.77
西藏	0.07	0.37
陕西	0.05	0.06
甘肃	0.20	1.11
青海	0.00	0.00
宁夏	0.08	0.44
新疆	0.34	0.24

资料来源：根据《中国农业年鉴2013》、《宁夏统计年鉴2013》数据并计算。

2004~2012年，山东蔬菜出口数量和金额整体呈现上升势头，近10年间，蔬菜出口数量增长了近2倍，出口金额也增长了3~4倍（不考虑物价因素）；蔬菜出口数量平均年增长率达到7.86%，出口均价在0.77美元/千克左右波动。2008年山东蔬菜出口遭受挫折，出口数量下降14.04万吨，出口金额下降2.18亿美元，出口均价也表现为略微下跌（见表1-16）。2008年山东蔬菜出口遇到阻碍的主要原因是：其一，日本、韩国等主要的出口目的地国家采用比较严格的技术性贸易壁垒政策，如日本的"肯定列表制度"，限制了山东蔬菜产品的出口；其二，人民币逐步升值，造成了出口贸易成本的增加，进而影响到蔬菜出口；其三，2008年爆发的金融危机破坏了原有市场的环境，造成的冲击直接影响了蔬菜产品的出口。2009~2011年，山东蔬菜的出口迅速恢复并持续增长；但2012年，山东蔬菜出口再一次遭受挫折，出口数量下降41.49万吨，出口金额下降8.73亿美元，出口均价也小幅下跌。2012年山东蔬菜产业出口面临的主要困境是：其一，人工成本的增加，造成出口企业出口成本增加，进而反射到整个蔬菜产业链条上，导致出口下降。其二，农产品出口退税政策的调整，如保鲜蔬菜取消之前5%的出口退税，蔬菜制品出口退税率也由8%降至5%，导致出口企业利润减少以及出口下降。其三，贸易壁垒的影响依旧存在，主要是两大出口目的地国家，即日本和韩国都采取了贸易壁垒政策保护本国农业产业，日本采取技术性贸易壁垒政策，而韩国主要采用关税贸易壁垒政策，这些政策对山东出口蔬菜到日韩市场产生了较大的负面影响，导致出口下降。

表1-16　山东历年蔬菜出口数量和金额及均价情况

年份	出口数量（万吨）	年增长率（%）	出口金额（亿美元）	出口均价（美元/千克）
2004	179.59	—	9.97	0.56
2005	200.84	11.83	12.30	0.61
2006	238.08	18.54	16.70	0.70
2007	271.59	14.08	17.74	0.65
2008	257.55	-5.17	15.56	0.60
2009	274.29	6.50	19.82	0.72
2010	289.17	5.42	34.51	1.19
2011	356.51	23.29	37.17	1.04
2012	315.02	-11.64	28.44	0.90

资料来源：根据历年《中国农业年鉴》数据并计算。

(3) 出口结构。

1) 分类蔬菜的出口。本书按照海关出口商品编码将蔬菜分为保鲜蔬菜、冷冻蔬菜、脱水蔬菜、调理加工蔬菜、蔬菜汁5类,保鲜蔬菜的出口商品编码为0701~0709,0714;冷冻蔬菜的出口商品编码为0710;脱水蔬菜的出口商品编码为0712;调理加工蔬菜的出口商品编码为0711,2001~2006;蔬菜汁的出口商品编码为2009①。

从蔬菜出口的数量和金额(不考虑价格因素)来看,2004年以来的6年间,数量和金额总体上呈现上升趋势,只有2008年出现比前一年出口数量和金额下降的情况,主要原因是山东蔬菜遭遇各种贸易壁垒、人民币升值和金融危机等外部环境因素的影响。从蔬菜出口的结构来看,保鲜蔬菜的出口所占的比例最大,变化也最为显著。

2004年保鲜蔬菜已经达到146.78万吨,出口金额达到5.33亿美元,比排名第二的调理加工蔬菜出口数量高出3.77倍,出口金额高出2.48倍,不论是出口数量还是金额排序由多到少依次是保鲜蔬菜、调理加工蔬菜、蔬菜汁、冷冻蔬菜和脱水蔬菜;2005年不论是出口数量还是金额排序由多到少依次是保鲜蔬菜、调理加工蔬菜、蔬菜汁、冷冻蔬菜和脱水蔬菜;2006年冷冻蔬菜的排名有所提升,出口数量排序由多到少依次是保鲜蔬菜、调理加工蔬菜、冷冻蔬菜、蔬菜汁和脱水蔬菜,但是按照出口金额排序由多到少依次是保鲜蔬菜、调理加工蔬菜、脱水蔬菜、冷冻蔬菜和蔬菜汁,这与当年的相对价格变化有关;2007年按照出口数量的排序与2006年相同,按照出口金额的排序与2004年和2005年相同,这与蔬菜汁的附加值增加有关;2008年的情况与2007年的相同;2011年按照出口数量排序与2006年、2007年和2008年的情况相同(见表1-17、图1-6和图1-7)。

由此可见,山东出口蔬菜仍旧以简单的人工处理后的新鲜蔬菜为主,调理加工蔬菜等深加工蔬菜的出口明显不足。另外,蔬菜汁饮料由于其健康、绿色等优良特质越来越受到消费者的欢迎,蔬菜汁市场的潜力以及其高附加值不可忽视。

---

① 海关数据只是反映从山东内的海关出口的蔬菜产品数量和金额,而非真正的以山东为产地的蔬菜产品出口。由于山东蔬菜产品主要通过山东内的海关出口,所以海关数据大致描述其出口结构;统计数据本身获得有其局限性,只获得2004~2008年以及2011年相关数据,并且出口商品编码2009包括果汁产品的统计在内。总体来看,利用海关数据比实际山东蔬菜产品出口的数量和金额要偏大。

表1-17 山东历年分类蔬菜出口数量和金额情况

蔬菜分类	2004年		2005年	
	出口数量（万吨）	出口金额（亿美元）	出口数量（万吨）	出口金额（亿美元）
保鲜蔬菜	146.78	5.33	157.17	6.66
冷冻蔬菜	23.01	1.53	26.15	1.85
调理加工蔬菜	30.74	2.76	35.65	3.45
脱水蔬菜	8.11	1.28	8.65	1.80
蔬菜汁	23.37	1.60	26.78	2.01
合计	232.01	12.50	254.40	15.78
蔬菜分类	2006年		2007年	
	出口数量（万吨）	出口金额（亿美元）	出口数量（万吨）	出口金额（亿美元）
保鲜蔬菜	167.64	9.24	192.39	9.87
冷冻蔬菜	32.46	2.50	38.54	2.84
调理加工蔬菜	42.99	4.55	50.27	5.62
脱水蔬菜	11.02	2.62	12.74	2.71
蔬菜汁	25.89	2.35	36.27	4.41
合计	280.01	21.27	330.21	25.45
蔬菜分类	2008年		2011年	
	出口数量（万吨）	出口金额（亿美元）	出口数量（万吨）	出口金额（亿美元）
保鲜蔬菜	188.93	7.69	574.19	23.62
冷冻蔬菜	37.09	2.85	45.11	4.58
调理加工蔬菜	44.88	4.69	53.13	6.99
脱水蔬菜	13.15	2.42	16.58	4.99
蔬菜汁	24.61	4.17	19.82	3.53
合计	308.66	21.82	708.83	43.70

资料来源：根据"国研网数据库"有关数据整理计算得出。

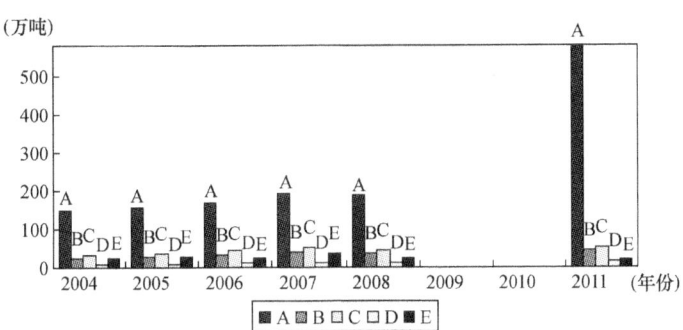

A——保鲜蔬菜；B——冷冻蔬菜；C——调理加工蔬菜；D——脱水蔬菜；E——蔬菜汁

图1-6 山东历年分类蔬菜出口数量变化情况

资料来源：根据"国研网数据库"有关数据整理计算。

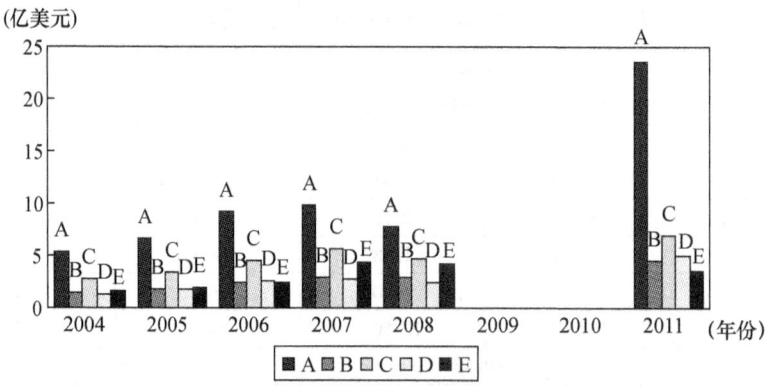

A——保鲜蔬菜；B——冷冻蔬菜；C——调理加工蔬菜；D——脱水蔬菜；E——蔬菜汁

图1-7 山东历年分类蔬菜出口金额变化情况

资料来源：根据"国研网数据库"有关数据整理计算。

2）品种蔬菜的出口。随着山东蔬菜出口贸易的发展，出口总量的不断增加，出口商品品种种类也明显增多。据青岛海关的统计，2000年为77个，到2012年已经发展到100多个，增加了两倍多。山东生产品种丰富的特色蔬菜，苍山大蒜、金乡大蒜、莱芜大姜、章丘大葱以及莱阳孤芋等全国知名，山东的大蒜、生姜、大葱、芋头、山洋葱、牛蒡、芦笋等蔬菜产品的栽培面积、产量、加工出口数量和创汇额均位居全国第一，是山东蔬菜出口的主要产品和特色产品；表1-18显示了2012年山东主要品种蔬菜的出口情况，其中大蒜出口数量为831416吨，出口金额为831408千美元，大蒜出口一直以来占山东蔬菜出口金额的30%以上，占全国大蒜出口金额的45%以上。另外，还有一些山东传统的名优蔬菜潜力巨大，等待进一步挖掘，如食用菌类产品，其产量位居全国第三，但出口量不多，应成为下一步出口产品开发工作的重点。总的来看，山东主要蔬菜出口商品大多是块根、块茎、球茎类产品，而叶菜类产品较少。

表1-18 2012年山东主要蔬菜品种出口数量和金额

蔬菜品种	出口数量（吨）	出口金额（千美元）
萝卜及胡萝卜	323510	147775
大蒜	831416	831408
马铃薯	182299	66075
洋葱及青葱	272608	130705
干的食用菌	572	10654

资料来源：《中国农业年鉴2013》。

1.2.5 出口流向①

山东蔬菜出口遍布世界，山东蔬菜出口主要集中在亚洲和欧洲，从出口金额来看，2004~2008年，六大洲的排名由高到低依次是亚洲、欧洲、北美洲、拉丁美洲、非洲和大洋洲；2008年，山东出口到这些大洲的蔬菜产品金额占出口总金额的比重依次为62.76%、15.79%、11.18%、6.80%、2.04%、1.44%；2008年，山东蔬菜出口到六大洲按照出口数量的高低排名依次是亚洲、欧洲、拉丁美洲、北美洲、非洲和大洋洲，分别占出口总量的69.17%、12.31%、7.95%、6.98%、2.59%和1%。

从国家角度考察，2004~2008年，山东蔬菜出口到亚洲的主要国家是日本、韩国、印度尼西亚等国；出口到欧洲的主要国家是俄罗斯、荷兰、德国、英国等国；出口到北美洲的国家主要是美国和加拿大等国；出口到拉丁美洲的主要国家是巴西、哥伦比亚、智利、厄瓜多尔等国；出口到大洋洲的主要国家是澳大利亚、新西兰等国；出口到非洲的主要国家是南非、塞内加尔和阿尔及利亚等国。2008年，出口到日本的蔬菜金额为2.84亿美元，出口数量为33.97万吨，是山东最大的蔬菜出口国。

1.3　小　结

（1）山东农业基本概况。

山东是我国东部沿海的主要省份之一，区位优势明显；山东农业人口所占比重比较大，山东是典型的农业大省；山东有优良的土地和农耕条件，气候条件适宜，有丰富的水资源和水利资源条件，有优良的农用机械设备等重要物质资源，奠定了发展现代农业、现代种植业以及进行大规模蔬菜生产的基本条件。

（2）山东蔬菜产业的基本概况。

山东蔬菜位居全国蔬菜种植"龙头"地位，其产量、产值（包括出口产量

---

① 山东历年蔬菜出口流向的详细数据可参阅附表1-2至附表1-8；出口流向的数据是依据海关数据中出口商品编码0701~0714的商品统计计算而来，与实际山东蔬菜产品的出口数量和金额存在偏差。

和产值）连续多年蝉联全国第一，蔬菜种植结构也不断丰富，是名副其实的全国"大菜园"。目前，山东蔬菜产业用24%的耕地形成了32.7%的产值，土地产出和回报率是比较高的；从产值的角度看，蔬菜产业是山东种植业以及农业经济中的第一大产业，支柱性产业的特征非常显著。

（3）山东蔬菜产业的供给情况。

山东是全国蔬菜种植面积大于1000千公顷的省份之一，山东的济宁、潍坊、菏泽等地蔬菜种植面积在100千公顷以上；山东蔬菜产量多年来排全国第一位，潍坊是目前山东蔬菜产量最大的地区；山东蔬菜品种丰富，目前主要以白菜类和瓜菜类蔬菜为主。

（4）山东蔬菜产业的消费情况。

蔬菜消费在城乡居民家庭人均食品消费结构中的比重呈逐步下降趋势；城乡居民蔬菜消费结构差距逐年缩小，这也说明农村居民食品结构优化和丰富；城乡居民蔬菜消费品种的多样化和精细化是山东蔬菜产品消费的一个趋势。

（5）山东蔬菜产业的出口贸易情况。

山东农产品出口的主要商品集中在蔬菜、油料、水果和花生类产品，体现了山东种植业产品种类的基本特点。目前，山东蔬菜出口的数量和金额都位居全国之首；山东出口蔬菜仍旧以简单的人工处理后的新鲜蔬菜为主，调理加工蔬菜等深加工蔬菜的出口明显不足；山东主要蔬菜出口商品大多是块根、块茎、球茎类产品，而叶菜类产品较少；山东蔬菜出口的区域比较集中，主要集中在亚洲和欧洲，不利于规避各种出口风险。

本章附表和附图

附表1-1 山东历年蔬菜产量和播种面积

年份	蔬菜产量（万吨）	蔬菜播种面积（千公顷）
1949	25.00	134.10
1952	34.50	116.90

续表

年份	蔬菜产量（万吨）	蔬菜播种面积（千公顷）
1957	38.00	250.10
1962	27.50	395.20
1965	33.50	298.80
1970	65.00	265.20
1975	118.29	287.60
1978	713.70	308.30
1979	693.52	298.20
1980	674.84	290.00
1981	632.80	275.30
1982	661.70	284.40
1983	657.20	284.80
1984	647.60	279.00
1985	1045.60	307.00
1986	1443.60	348.33
1987	1407.20	353.70
1988	1370.90	370.40
1989	1425.10	391.00
1990	1401.20	362.00
1991	1502.80	394.00
1992	1944.70	447.00
1993	2712.10	636.00
1994	3315.40	835.00
1995	3694.80	855.50
1996	4851.80	1086.00
1997	5432.80	1268.00
1998	5709.80	1324.50
1999	6407.30	1477.40
2000	7256.80	1788.40
2001	7556.40	1850.02
2002	8335.40	1971.00
2003	8883.70	2027.13
2004	8883.70	1970.12

续表

年份	蔬菜产量（万吨）	蔬菜播种面积（千公顷）
2005	8607.00	1848.00
2006	8026.40	1679.00
2007	8342.33	1705.00
2008	8635.00	1725.14
2009	8937.20	1756.00
2010	9180.93	1770.80
2011	9180.93	1791.21
2012	9386.01	1806.00

资料来源：历年《山东统计年鉴》、《中国农村统计年鉴》、《光辉山东60年全省统计资料》等。

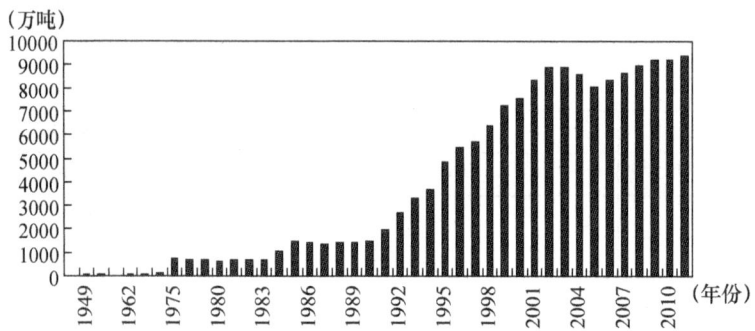

附图1-1　山东历年蔬菜产量变化情况

资料来源：历年《山东统计年鉴》、《中国农村统计年鉴》、《光辉山东60年全省统计资料》等。

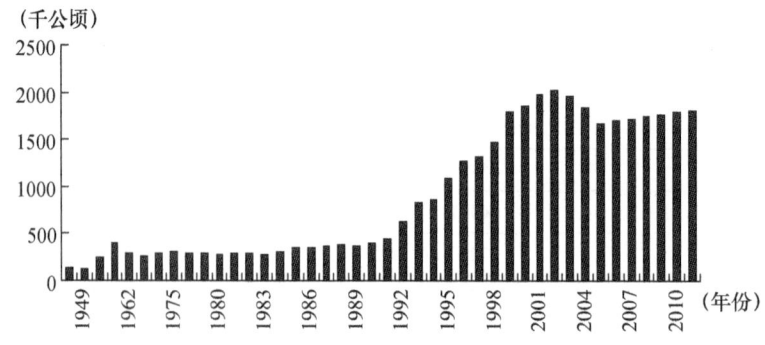

附图1-2　山东历年蔬菜播种面积变化情况

资料来源：历年《山东统计年鉴》、《中国农村统计年鉴》、《光辉山东60年全省统计资料》等。

附表1-2 山东历年蔬菜出口流向（按大洲）

(a) 按出口金额排序（亿美元）

2004年		2005年		2006年	
地区	出口额	地区	出口额	地区	出口额
亚洲	6.03	亚洲	7.02	亚洲	9.23
欧洲	0.97	欧洲	1.45	欧洲	2.17
北美	0.81	北美	0.93	北美	1.77
拉丁美洲	0.41	拉丁美洲	0.80	拉丁美洲	0.99
非洲	0.11	非洲	0.19	非洲	0.29
大洋洲	0.08	大洋洲	0.14	大洋洲	0.19
2007年		2008年			
地区	出口额	地区	出口额		
亚洲	9.55	亚洲	8.31		
欧洲	2.41	欧洲	2.09		
北美	2.10	北美	1.48		
拉丁美洲	1.05	拉丁美洲	0.90		
非洲	0.36	非洲	0.27		
大洋洲	0.20	大洋洲	0.19		

(b) 按出口数量排序（万吨）

2004年		2005年		2006年	
地区	出口量	地区	出口量	地区	出口量
亚洲	138.60	亚洲	143.26	亚洲	154.36
欧洲	21.03	欧洲	23.41	欧洲	26.94
拉丁美洲	10.30	拉丁美洲	14.86	北美	14.60
北美	9.49	北美	9.50	拉丁美洲	13.65
非洲	2.61	非洲	3.50	非洲	4.73
大洋洲	1.41	大洋洲	1.61	大洋洲	1.96
2007年		2008年			
地区	出口量	地区	出口量		
亚洲	173.23	亚洲	168.57		
欧洲	32.74	欧洲	30.01		
北美	19.11	拉丁美洲	19.38		
拉丁美洲	14.83	北美	17		
非洲	5.81	非洲	6.32		
大洋洲	2.27	大洋洲	2.44		

附表1-3 山东历年蔬菜出口流向（亚洲国家）

(a) 按出口金额排序（亿美元）

2004年		2005年		2006年	
国家	出口额	国家	出口额	国家	出口额
日本	2.87	日本	3.16	日本	3.49
韩国	0.95	韩国	1.02	印度尼西亚	1.38
印度尼西亚	0.74	印度尼西亚	0.83	韩国	1.32
马来西亚	0.46	马来西亚	0.59	马来西亚	0.79
菲律宾	0.19	菲律宾	0.25	菲律宾	0.37
泰国	0.12	泰国	0.22	泰国	0.34
2007年		2008年			
国家	出口额	国家	出口额		
日本	3.18	日本	2.84		
印度尼西亚	1.49	韩国	1.24		
韩国	1.29	印度尼西亚	1.16		
马来西亚	1.00	马来西亚	0.82		
阿联酋	0.41	泰国	0.30		
菲律宾	0.36	阿联酋	0.27		

(b) 按出口数量排序（万吨）

2004年		2005年		2006年	
国家	出口量	国家	出口量	国家	出口量
日本	45.76	日本	48.60	日本	45.89
韩国	23.39	韩国	24.09	韩国	27.52
印度尼西亚	21.74	印度尼西亚	18.91	印度尼西亚	21.48
马来西亚	16.74	马来西亚	17.17	马来西亚	18.76
菲律宾	6.27	菲律宾	6.97	菲律宾	7.48
泰国	4.40	泰国	6.18	泰国	7.16
2007年		2008年			
国家	出口量	国家	出口量		
日本	33.97	日本	33.97		
韩国	29.18	韩国	29.18		
马来西亚	24.42	印度尼西亚	24.42		
印度尼西亚	22.39	马来西亚	22.39		
菲律宾	8.48	泰国	8.48		
泰国	7.05	菲律宾	7.05		

附表1-4 山东历年蔬菜出口流向（欧洲国家）

(a) 按出口金额排序（亿美元）

2004年		2005年		2006年	
国家	出口额	国家	出口额	国家	出口额
德国	0.21	德国	0.33	德国	0.50
俄罗斯	0.21	俄罗斯	0.27	荷兰	0.39
荷兰	0.16	荷兰	0.25	俄罗斯	0.33
意大利	0.06	英国	0.14	英国	0.25
英国	0.06	西班牙	0.09	西班牙	0.13
罗马尼亚	0.05	意大利	0.08	意大利	0.12
2007年		2008年			
国家	出口额	国家	出口额		
德国	0.55	德国	0.51		
荷兰	0.49	荷兰	0.31		
俄罗斯	0.17	俄罗斯	0.31		
英国	0.16	英国	0.17		
西班牙	0.10	西班牙	0.17		
意大利	0.09	意大利	0.11		

(b) 按出口数量排序（万吨）

2004年		2005年		2006年	
国家	出口量	国家	出口量	国家	出口量
俄罗斯	8.56	俄罗斯	9.15	俄罗斯	9.32
荷兰	3.47	荷兰	3.91	荷兰	4.78
德国	1.92	德国	2.18	英国	2.90
罗马尼亚	1.19	英国	1.99	德国	2.63
英国	1.09	西班牙	1.18	西班牙	1.37
意大利	0.90	意大利	0.97	意大利	1.09
2007年		2008年			
国家	出口量	国家	出口量		
俄罗斯	11.45	俄罗斯	8.75		
荷兰	6.50	荷兰	5.11		
德国	3.18	英国	3.29		
英国	2.31	德国	3.18		
西班牙	1.71	西班牙	1.87		
意大利	1.08	意大利	1.30		

附表1-5 山东历年蔬菜出口流向（北美洲国家）

(a) 按出口金额排序（亿美元）

2004年		2005年		2006年	
国家	出口额	国家	出口额	国家	出口额
美国	0.76	美国	0.95	美国	1.60
加拿大	0.06	加拿大	0.84	加拿大	0.17
2007年		2008年			
国家	出口额	国家	出口额		
美国	1.84	美国	1.28		
加拿大	0.26	加拿大	0.20		

(b) 按出口数量排序（万吨）

2004年		2005年		2006年	
国家	出口量	国家	出口量	国家	出口量
美国	8.45	美国	8.06	美国	12.74
加拿大	1.03	加拿大	1.44	加拿大	1.86
2007年		2008年			
国家	出口量	国家	出口量		
美国	15.93	美国	14.19		
加拿大	3.18	加拿大	2.82		

附表1-6 山东历年蔬菜出口流向（拉丁美洲国家）

(a) 按出口金额排序（亿美元）

2004年		2005年		2006年	
国家	出口额	国家	出口额	国家	出口额
巴西	0.17	巴西	0.48	巴西	0.51
哥伦比亚	0.08	哥伦比亚	0.10	哥伦比亚	0.13
厄瓜多尔	0.03	厄瓜多尔	0.03	智利	0.05
智利	0.02	智利	0.03	厄瓜多尔	0.05
哥斯达黎加	0.01	多米尼加	0.03	多米尼加	0.03
巴拿马	0.01	哥斯达黎加	0.01	海地	0.02
2007年		2008年			
国家	出口额	国家	出口额		
巴西	0.50	巴西	0.40		
哥伦比亚	0.14	哥伦比亚	0.10		
智利	0.05	智利	0.05		

续表

2007年		2008年			
国家	出口额	国家	出口额		
厄瓜多尔	0.04	海地	0.04		
海地	0.04	厄瓜多尔	0.03		
多米尼加	0.03	多米尼加	0.02		
巴拿马	0.02	巴拿马	0.02		

(b) 按出口数量排序（万吨）

2004年		2005年		2006年	
国家	出口量	国家	出口量	国家	出口量
巴西	4.03	巴西	8.10	巴西	6.63
哥伦比亚	2.10	哥伦比亚	2.23	哥伦比亚	2.15
厄瓜多尔	0.98	厄瓜多尔	0.79	厄瓜多尔	0.75
多米尼加	0.44	多米尼加	0.74	多米尼加	0.67
智利	0.42	智利	0.56	智利	0.52
哥斯达黎加	0.21	哥斯达黎加	0.27	海地	0.40

2007年		2008年			
国家	出口量	国家	出口量		
巴西	6.52	巴西	9.01		
哥伦比亚	2.37	哥伦比亚	2.72		
厄瓜多尔	0.69	厄瓜多尔	1.11		
海地	0.63	海地	1.11		
智利	0.58	智利	0.70		
多米尼加	0.50	多米尼加	0.61		

附表1-7 山东历年蔬菜出口流向（大洋洲国家）

(a) 按出口金额排序（亿美元）

2004年		2005年		2006年	
国家	出口额	国家	出口额	国家	出口额
澳大利亚	0.06	澳大利亚	0.11	澳大利亚	0.13
新西兰	0.01	新西兰	0.02	新西兰	0.04
斐济	0.01	斐济	0.01	斐济	0.01

2007年		2008年			
国家	出口额	国家	出口额		
澳大利亚	0.14	澳大利亚	0.14		
新西兰	0.04	新西兰	0.04		
斐济	0.01	斐济	0.01		

续表

(b) 按出口数量排序（万吨）

2004 年		2005 年		2006 年	
国家	出口量	国家	出口量	国家	出口量
澳大利亚	1.04	澳大利亚	1.10	澳大利亚	1.23
新西兰	0.21	新西兰	0.34	新西兰	0.54
斐济	0.15	斐济	0.15	斐济	0.17
2007 年		2008 年			
国家	出口量	国家	出口量		
澳大利亚	1.48	澳大利亚	1.73		
新西兰	0.55	新西兰	0.49		
斐济	0.20	斐济	0.18		

附表1-8　山东历年蔬菜出口流向（非洲国家）

(a) 按出口金额排序（亿美元）

2004 年		2005 年		2006 年	
国家	出口额	国家	出口额	国家	出口额
南非	0.029	阿尔及利亚	0.054	阿尔及利亚	0.054
阿尔及利亚	0.016	南非	0.028	南非	0.053
安哥拉	0.008	埃及	0.015	埃及	0.034
埃及	0.007	安哥拉	0.012	安哥拉	0.020
苏丹	0.006	塞内加尔	0.009	塞内加尔	0.017
加纳	0.004	苏丹	0.008	摩洛哥	0.014
2007 年		2008 年			
国家	出口额	国家	出口额		
南非	0.064	南非	0.047		
阿尔及利亚	0.058	塞内加尔	0.031		
埃及	0.027	阿尔及利亚	0.030		
塞内加尔	0.025	埃及	0.023		
安哥拉	0.022	苏丹	0.021		
摩洛哥	0.019	安哥拉	0.013		

续表

(b) 按出口数量排序(万吨)

2004 年		2005 年		2006 年	
国家	出口量	国家	出口量	国家	出口量
南非	0.543	阿尔及利亚	1.001	阿尔及利亚	0.925
阿尔及利亚	0.387	南非	0.309	南非	0.630
安哥拉	0.213	埃及	0.271	埃及	0.572
埃及	0.208	安哥拉	0.263	塞内加尔	0.386
苏丹	0.165	塞内加尔	0.206	安哥拉	0.310
加纳	0.116	苏丹	0.162	摩洛哥	0.213
2007 年		2008 年			
国家	出口量	国家	出口量		
阿尔及利亚	0.925	塞内加尔	0.872		
南非	0.784	阿尔及利亚	0.732		
塞内加尔	0.478	南非	0.700		
埃及	0.413	苏丹	0.540		
安哥拉	0.341	埃及	0.501		
摩洛哥	0.321	安哥拉	0.348		

资料来源:附表 1-2 至附表 1-8 的数据都是根据"国研网统计数据库"的数据计算而得。

2 山东蔬菜产业要素竞争力和环境竞争力评价

"要素层次"的竞争力（以下简称要素竞争力）能够直接对产业最终竞争力的形成发挥作用，包括生产资本要素的投入、生产组织的数量与质量、劳动力要素的投入数量与质量、土地等自然资源的数量和质量等多维度影响因素的总称。"环境层次"的竞争力（以下简称环境竞争力）是指影响最终竞争力形成的外部环境因素，主要包括国内外市场条件、生产组织形式与管理方式、政府的宏观经济政策以及偶然机遇等多维度的影响因素。由此可见，要素竞争力与环境竞争力是最终竞争力形成的必要条件和基础，是评价整体产业竞争力水平不可或缺的组成部分。由于要素竞争力与环境竞争力所涉及的范畴和领域较大，本研究选取具有代表性的部分领域和范畴来描述山东蔬菜产业的要素竞争力以及环境竞争力情况。其中，要素竞争力通过计算土地、劳动力、水资源等要素禀赋系数的办法来衡量，环境竞争力则通过考察山东财政支出结构与区域经济增长的关系进行间接衡量。

2.1 主要蔬菜生产省份的要素禀赋条件比较

（1）要素禀赋基本情况。

土地、劳动力、水资源、化肥、农药、农用柴油、塑料薄膜等各种基本的生产要素是发展蔬菜产业的基本保障。各种基本要素是否丰富以及是否合理高效地使用，既关系到蔬菜产业当前的生产能力，也关系到蔬菜产业未来发展的潜力。本书选取2012年全国蔬菜生产总产量排名前10位的蔬菜省份，通过计算各省份上述主要相关的生产要素禀赋系数的办法，比较衡量要素竞争力水平。上述样本的选择可能有不合理之处，但从蔬菜生产的角度来看显然有其代表性。2012 年全国蔬菜产量排名前 10 位的省份依次是山东、河北、河南、江苏、四川、湖北、湖南、广东、辽宁和广西。

表 2-1 反映了 2012 年蔬菜生产主要要素的基本禀赋情况。土地要素禀赋用蔬菜播种面积来衡量；劳动力要素禀赋用农村从业人员数量来衡量；水资源要素禀赋用有效灌溉面积来衡量；资本要素禀赋用农业生产主要的资本物质消耗量来衡量，具体包括农用塑料薄膜量、农用柴油使用量、农药使用量、农用化肥使用量等。从表 2-1 中可以看出，10 个省份中，山东农林牧副渔业 2012 年的产值为 7945.80 亿元，是排名第一的；蔬菜播种面积 1806.00 千公顷，也是排名第一的；农村从业人员数量不及河南和四川，为 3695.20 万人，排名第三；有效灌溉面积不及河南，排名第二，为 5058.10 千公顷；农业生产主要的资本物质消耗（农用塑料薄膜、农用柴油、农药使用量、农用化肥使用量合计）不及河南，排名第二，为 707.15 万吨。从绝对规模来看，山东的各要素禀赋情况是具有优势的，这为其蔬菜产业的发展奠定了良好的基础。

表 2-1　全国主要蔬菜生产省份要素禀赋情况（2012 年）

地区（面积排序）	农林牧副渔业总产值（亿元）	蔬菜播种面积（千公顷）	农村从业人员数（万人）	有效灌溉面积（千公顷）	农业生产主要的资本物质消耗（农用塑料薄膜、农用柴油、农药使用量、农用化肥使用量合计，万吨）
全国	89453.00	20353.00	48526.80	63036.40	8169.80
山东	7945.80	1806.00	3695.20	5058.10	707.15
河北	5340.10	1203.00	2731.80	4603.10	626.16
河南	6679.00	1730.30	4691.00	5205.60	812.85
江苏	5808.80	1323.40	2649.30	3929.70	456.50
四川	5433.10	1253.90	3762.30	2662.70	313.04
湖北	4732.10	1138.70	1797.60	2548.90	437.19
湖南	4904.10	1239.20	2898.30	2715.80	301.41
广东	4656.80	1229.20	2780.30	1874.40	334.51
辽宁	4062.40	487.10	993.50	1698.80	235.03
广西	3490.70	1075.40	2189.00	1541.30	312.87

注：农村从业人数为 2002 年数据；农业生产主要的资本物质消耗为 2011 年数据。

资料来源：历年《中国统计年鉴》、《中国农业统计》、《中国农村统计年鉴》。

2 山东蔬菜产业要素竞争力和环境竞争力评价

(2) 要素禀赋系数。

赫克歇尔—俄林模型所代表的"资源禀赋"学说认为,劳动力充裕的国家会利用其充裕劳动力的比较优势发展劳动密集型产业及产品,而资本充裕型的国家则会利用其充裕资本的比较优势发展资本密集型产业产品;这一生产模式相适应的贸易模式是劳动充裕型的国家会出口其劳动力密集型产品向资本充裕型的国家,而资本充裕型国家会向劳动力充裕型国家出口资本密集型产品。赫克歇尔—俄林理论应用资源禀赋系数来衡量某一个国家某种要素丰富的程度,以判断其是否属于劳动力充裕国家抑或资本密集型国家。资源禀赋系数的计算公式是:

$(V_i/V_{wi})/(Y/Y_{wi})$

式中:V_i 为某一国拥有的 i 资源;V_{wi} 为世界拥有的 i 资源;Y 为某一国国内生产总值;Y_{wi} 为世界国内生产总值总和。该系数的取值大于 1 则表明某国在 i 资源上具有 H－O(赫克歇尔—俄林)模型意义上的丰富性和充裕型,反之则是资源匮乏性的表现。由此可见,某一国的资源禀赋系数是该国第 i 种资源在世界第 i 种资源中的份额与这一国家国内生产总值在世界国内生产总值中的份额比。

借鉴赫克歇尔—俄林理论计算资源禀赋系数的思路,我们分别用各个省份某年某资源总量替代 V_i,用全国某年某资源总量替代 V_{wi},用各个省份某年的农林牧副渔总产值替代 Y,用全国某年农林牧副渔总产值替代 Y_{wi}。这样可以分别计算出各个省份某一年度蔬菜种植的相关基本要素的资源禀赋系数(或称为要素禀赋系数)。2012 年度各主要蔬菜生产省份要素的禀赋系数计算结果见表 2－2。

表 2－2　全国主要蔬菜生产省份要素禀赋系数(2012 年)

地区	土地禀赋	劳动力禀赋	水资源禀赋	资本物质禀赋
山东	0.999	0.857	0.903	0.974
河北	0.991	1.100	1.354	1.318
河南	1.150	1.373	0.904	1.038
江苏	0.879	0.649	0.868	0.646
四川	1.013	1.518	0.724	0.733
湖北	1.043	0.549	1.099	1.603
湖南	1.050	1.556	1.028	0.665

续表

地区	土地禀赋	劳动力禀赋	水资源禀赋	资本物质禀赋
广东	1.045	1.010	0.727	1.169
辽宁	0.454	0.410	1.039	0.805
广西	2.569	2.564	1.056	1.549

注：农村从业人数为2002年数据；农业生产主要的资本物质消耗为2011年数据。

资料来源：历年《中国统计年鉴》、《中国农业统计》、《中国农村统计年鉴》等。

通过表2-2，我们发现，山东土地禀赋系数接近1，为0.999，不及广西、河南、湖南、湖北、广东和四川，在考察的10个省份中排名第7位，说明山东发展蔬菜产业存在一定的土地空间上的"瓶颈"；山东的劳动力资源禀赋小于1，为0.857，不及广西、湖南、四川、河南、河北和广东，在考察的10个省份中排名第7位，一方面说明作为人口大省的山东，从事农业生产以及蔬菜种植的从业人口是萎缩和相对匮乏的，但另一方面也说明山东蔬菜产业未来需要向产品深加工方向发展。实际的情况印证了上述计算结果：目前，山东全省蔬菜加工企业大约有5000家，数量居全国首位，其中拥有蔬菜自主出口权的加工企业有500多家，占全国蔬菜出口企业数量的1/3，而且蔬菜加工企业的地理位置也相对比较集中，已经形成了四大主要加工区，即以莱阳为主的胶东加工区，以安丘为主的鲁中加工区，以苍山为主的鲁南加工区和以菏泽市牡丹区为主的鲁西加工区，形成了一定的产业聚集效应。但是，山东蔬菜加工相对于山东蔬菜产量来说，可谓杯水车薪，只占到山东蔬菜总产量的5%左右，远远不能满足需要。另外，随着山东蔬菜种植规模的扩大，山东蔬菜运销体系也迅速扩大，大约有400万人从事蔬菜的运销流通业务。由此可见，进一步发展与蔬菜种植有关的下游产业，提高蔬菜产品的附加值，是山东蔬菜产业升级的重要途径。山东的水资源禀赋系数接近1，为0.903，不及河北、湖北、广西、辽宁、湖南和河南，在考察的10个省份中排名第7位，说明山东属于水资源匮乏省份，发展蔬菜产业遭受水资源缺乏"瓶颈"，必须因地制宜优化蔬菜品种结构以适应缺水条件，也必须加大农田水利基础设施的建设，以缓解产业发展的这一"瓶颈"压力；山东资本物质禀赋系数接近1，为0.974，不及湖北、广西、河北、河南和广东，在考察的10个省份中排名第6位，这一水平只能算中等，但从全国来看是比较靠前的，主要得益于大棚蔬菜等设施蔬菜在山东的普及以及特色蔬菜的规模化。综合来看，山东蔬菜资源禀赋情况在全国比较靠前，但在蔬菜生产大省的比较中处于中等水平，促进山东蔬菜产业发展的基础性资源优势不显著，山东蔬菜产业面临来自兄弟省份的竞争压力，当然，也面临产业转型和升级的压力。

2.2 山东财政支出结构与区域经济增长的关联

地方政府的财政投入结构影响区域经济增长，而地方财政支出结构与区域经济增长是山东蔬菜产业发展的外部环境因素。本书从财政支出结构与经济增长的动态关系的角度，间接分析山东蔬菜产业发展的环境竞争力问题。

（1）背景情况。

早在19世纪80年代，德国著名的财政学家瓦格纳提出的"政府活动扩张法则"就揭示了财政支出与经济增长的耦合关系，即在一系列的经济增长条件冲击之下，财政支出的相对增长速度将快于国民收入的增长速度。而在20世纪60年代，美国经济学家马斯格雷夫和罗斯托的经济发展阶段理论进一步解释了财政支出结构的变迁对于经济增长的异质性贡献。由此可见，财政支出规模和结构是洞悉整个宏观经济增长趋势的基本路径。特别是以凯恩斯主义经济学为代表的西方主流经济学，在理论上进一步确立了财政支出政策在宏观经济调控中的重要地位和角色；在实践中，财政支出政策不仅反映了资源配置、收入分配和经济稳定与发展的重要职能，也反映了政府行政成本和行政效率的匹配关系。

财政支出的结构是指不同属性特征的财政支出占政府支出的比重。即使是同期相同总量的财政支出规模，按照不同标准进行分类的支出结构特征是存在巨大差异的，譬如按照经济性质标准和按照经济职能标准的财政支出结构是完全不同的两种结果。另外，即使是同一财政支出结构标准，其样本空间也有可能存在很大的差异，有一定的随机性，主要取决于统计数据的获得途径。通常，财政支出结构的分类标准是多元的，不同标准所代表的财政支出结构状况反映的侧重点是有所区别的。财政支出结构主要反映政府行为的动态变化过程，包括政府活动的范围、政府公共政策和职能、政府宏观调控等演化过程。由此可见，没有科学合理的财政支出结构,即使财政支出规模是增加的,财政支出的效率性、公平性等多元目标也是难以实现的;而合理有序地安排财政支出结构,是经济可持续增长的重要环节。

综观已有的研究文献,相关研究主要是财政支出结构与经济增长关联的实证研究。国外多数研究是将财政支出结构划分为生产性支出和非生产性支出,进而研究财政支出的结构效应(Aschauer,1989;Munnell,1993;Gramlich,1994);国内学者主要是按照财政支出的经济属性、财政支出的职能或者是财政资金的最终用途来研究财政支出的结构效应(龚六堂等,2001;郭庆旺等,2003)。近年来,地方政府财政支出结构与区域经济增长的关联研究成为了新的研究方向(张颖等,2012;杨伊等,2014)。相对于全国范围内的研究,宏观数据获取的难度和实证结论的解释难度事实上是增加的,但将研究细化到地方层面,对于差异化制定本区域宏观经济政策更具有参考意义。

(2)山东财政支出规模与结构的变化。

1)财政支出规模的变化。自1978年以来,山东的财政支出总量也在不断扩大,名义财政支出总量(财政支出额依照决算数)从1978年的31.9亿元增至2012年的5904.52亿元。剔除价格因素后(以1978年的价格水平为基准,历年的名义支出额除以各年的GDP平减指数并乘以100),得到的实际财政支出额从1978年的31.9亿元增至2011年的867.56亿元。

山东财政支出总量变化大体经历了4个阶段:①1978~1984年,该阶段财政支出总量占地方国内生产总值(GDP)的比重不断下降,从14.5%下降至6.7%;②1985~1989年,该阶段财政支出总量占地方国内生产总值(GDP)的比重缓慢上升,从7.54%上升至8.78%,并且持续时间比较短;③1990~1995年,该阶段财政支出总量占地方国内生产总值(GDP)的比重不断下降,从8.62%下降至5.51%;④1996~2012年,该阶段财政支出总量占地方国内生产总值(GDP)的比重稳步上升,从6.02%上升至11.81%,并且持续时间比较长,中间有小幅波动(见图2-1)。

2)财政支出结构变化。由于政府收支分类改革从2007年开始全面实施,所以2006年(含2006年)以前的政府支出科目和2006年以后的支出科目存在比较大的差异,经过比较归类,将财政支出分为经济建设类、社会管理和服务类、农业类、科教文卫类、社会保障类和其他类六大类支出(分类标准略)。根据已有统计资料,大致估算了1998~2011年山东分类实际财政支出额(见表2-3)。

历年各类财政支出占当年财政总支出比重的平均值依次为:社会管理和服务类支出占33.6%、科教文卫类支出占27.5%、经济建设类支出占12.5%、社会保障类支出占10.4%、其他支出占8.2%、农业类支出占7.8%。

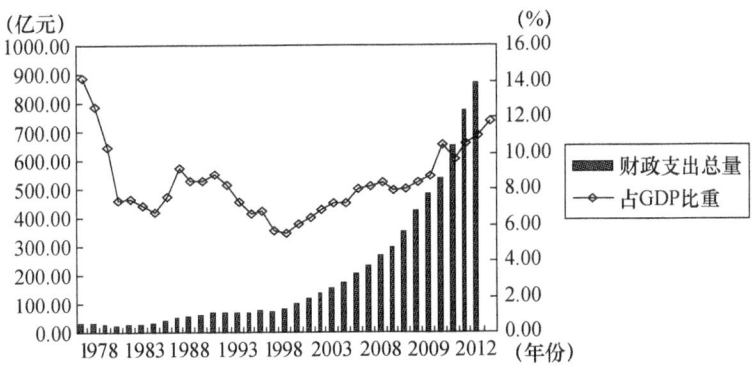

图2-1 改革开放以来山东财政支出规模与结构变化情况

资料来源:相关年度《山东统计年鉴》和《山东国民经济和社会发展统计公报》。

表2-3 1998~2011年山东分类实际财政支出额

单位:亿元

支出分类 年份	经济建设类	社会管理和服务类	农业类	科教文卫类	社会保障类	其他	合计
1998	19.53	48.40	10.61	39.04	8.21	11.41	137.20
1999	21.55	53.95	11.47	43.67	12.66	13.39	156.69
2000	21.18	57.85	11.50	49.43	15.77	15.44	171.18
2001	28.62	62.61	13.10	56.12	21.63	24.14	206.23
2002	25.05	80.20	15.15	58.56	24.51	30.58	234.06
2003	32.66	92.47	16.39	71.42	28.39	26.59	267.92
2004	28.81	103.47	18.13	76.64	31.45	36.38	294.87
2005	35.93	126.03	21.37	89.50	39.16	37.80	349.80
2006	42.44	154.60	24.91	104.40	44.36	50.65	421.36
2007	54.03	181.19	34.81	137.40	53.76	21.75	482.94
2008	67.96	185.25	46.62	159.25	56.48	20.32	535.88
2009	93.47	200.91	73.63	186.58	68.33	28.46	651.38
2010	113.47	221.91	87.11	220.51	84.50	47.34	774.83
2011	127.05	248.47	98.11	259.03	128.92	5.98	867.56

资料来源:根据相关年度《山东统计年鉴》计算。

(3) 山东财政支出结构与区域经济增长关系分析。

1) 理论模型与数据说明。本部分以内生增长理论为基础，采用阿绍尔的方法（Aschauer，1989），将各类财政投入引入柯布—道格拉斯生产函数：

$$GDP = AK^{\alpha}L^{\beta}G^{\gamma} \qquad (2-1)$$

其中，GDP 代表国内生产总值，即总产出水平；K 代表资本存量；L 代表劳动投入量；G 代表各类财政支出量；α 代表资本存量的产出弹性；β 代表劳动投入的产出弹性；γ 代表财政支出的产出弹性。

对式（2-1）进行对数变换（缓解异方差），得到财政支出结构对经济增长影响效应的回归方程：

$$LNGDP = LNA + \alpha LNK + \beta LNL + \gamma LNG \qquad (2-2)$$

式（2-2）中，GDP 是利用以支出法计算的山东地区国内生产总值或者人均国内生产总值；K 是用山东全社会固定资产投资额衡量（存货数据不完整，故不采用）；L 是用山东从业人员数量衡量，包括三大产业的农村和城镇从业人员；考虑到统计数据的可获得性和连续性，G 为财政支出科目，可以划分为基本建设支出、城市维护费、支援农业支出、文教科学卫生事业费、行政管理费五大类，也可以归并为生产性支出（基本建设支出、城市维护费、支援农业支出）以及非生产性支出（文教科学卫生事业费、行政管理费）。

研究所涉及的数据来源于"搜数网"数据库和相关年度《山东国民经济和社会发展统计公报》。由于 2007 年（含 2007 年）以后政府支出科目进行了重大调整，为了保证数据在同口径下的连续性和完整性，数据样本采用了 1978～2006 年的数据。

2) 实证过程与分析。本部分研究的目的主要是两个：验证山东财政支出结构与区域经济增长之间是否存在长期均衡关系；验证山东财政支出结构与区域经济增长之间是否存在因果关系，进一步分析其动态影响过程。本部分实证过程中使用的变量符号见表 2-4。

表 2-4 模型中的变量、符号及含义

变 量	符号	说 明
人均国内生产总值	YY	对数化处理后为 LNYY；一阶差分后为 DLNYY
全社会固定资产投资额	K	对数化处理后为 LNK；一阶差分后为 DLNK

续表

变量	符号	说 明
从业人员	L	对数化处理后为 LNL；一阶差分后为 DLNL
基本建设	X1	对数化处理后为 LNX1；一阶差分后为 DLX1
城市维护费	X2	对数化处理后为 LNX2；一阶差分后为 DLNX2
支援农业支出	X3	对数化处理后为 LNX3；一阶差分后为 DLNX3
文教科学卫生事业费	X4	对数化处理后为 LNX4；一阶差分后为 DLNX4
行政管理费	X5	对数化处理后为 LNX5；一阶差分后为 DLNX5
生产性支出	SC	对数化处理后为 LNSC；一阶差分后为 DLNSC
非生产性支出	FS	对数化处理后为 LNFS；一阶差分后为 DLNFS

I 验证山东财政支出结构与区域经济增长之间的长期均衡关系。

（i）单位根检验。采用 ADF 检验法验证对 LNYY、LNK、LNL、LNX1、LNX2、LNX3、LNX4、LNX5 以及 LNSC、LNFS 进行单位根检验，验证时间序列的平稳性，检验结果见表 2-5。

表 2-5 ADF 检验结果

变量	检验类型（c, t, k）	ADF 值	P 值	结论
LNYY	(c, t, 0)	-3.326899	0.0833	不平稳
DLNYY	(c, t, 3)	-4.007154**	0.0220	平稳
LNK	(c, t, 1)	-2.716746	0.2381	不平稳
DLNK	(c, t, 0)	-3.908493**	0.0257	平稳
LNL	(c, t, 0)	-3.432873	0.0672	不平稳
DLNL	(c, t, 0)	-6.516578*	0.0001	平稳
LNX1	(c, t, 1)	-3.324260	0.0837	不平稳
DLNX1	(c, t, 0)	-5.895773*	0.0003	平稳
LNX2	(c, t, 3)	-1.527982	0.7920	不平稳
DLNX2	(c, t, 0)	-7.633020*	0.0000	平稳
LNX3	(c, t, 1)	-3.398642	0.0726	不平稳
DLNX3	(c, t, 0)	-5.137991*	0.0016	平稳
LNX4	(c, t, 0)	-0.012591	0.9938	不平稳

续表

变量	检验类型 (c, t, k)	ADF 值	P 值	结论
DLNX4	(c, t, 0)	-5.970811*	0.0002	平稳
LNX5	(c, t, 0)	-0.829313	0.9505	不平稳
DLNX5	(c, t, 0)	-6.005526*	0.0002	平稳
LNSC	(c, t, 0)	-2.731716	0.2324	不平稳
DLNSC	(c, t, 0)	-4.463273*	0.0076	平稳
LNFS	(c, t, 2)	0.611164	0.9991	不平稳
DLNFS	(c, t, 0)	-22.49660*	0.0000	平稳

注：c、t、k 分别表示截距项、趋势项和滞后阶数，滞后期的选择参考 AIC 和 SC 准则。*、** 分别表示 1% 显著性水平和 5% 显著性水平。

如表 2-5 所示，原序列都是非平稳序列；除了 DLNK 和 DLNYY 之外，其他序列一阶差分后都在 1% 显著性水平下拒绝存在单位根的假设，DLNK 和 DLNYY 是在 5% 显著性水平下拒绝原假设，通过了显著性检验，因此，原序列均为 I (1)。

(ⅱ) 协整检验。由于原序列均为 I (1)，故采用常用的 Johansen 协整检验方法来判断时间序列 LNYY、LNK、LNL、LNX1、LNX2、LNX3、LNX4、LNX5 之间的协整关系，这种协整关系的经济学意义在于反映外部环境稳定条件下的变量之间长期的均衡关系。根据 SIC 定价准则，选取滞后期为 1。检验结果见表 2-6。

表 2-6 Johansen 协整检验结果（样本的区间为 1978~2006 年）

协整向量原假设	特征根	迹统计量值	5% 的临界值	P 值
None*	0.985796	417.4797	159.5297	0.0000
At most 1*	0.974831	306.8693	125.6154	0.0000
At most 2*	0.945375	211.1332	95.75366	0.0000
At most 3*	0.885149	135.5442	69.81889	0.0000
At most 4*	0.839798	79.27701	47.85613	0.0000
At most 5*	0.469160	31.66264	29.79707	0.0301
At most 6*	0.281253	15.19699	15.49471	0.0554
At most 7*	0.224505	6.610592	3.841466	0.0101

2 山东蔬菜产业要素竞争力和环境竞争力评价

由表2-6可知,在5%显著性水平下,上述8个变量之间存在6个协整关系,也验证了这些变量之间存在长期均衡关系。按照对数似然值最大的协整关系式,当对数似然函数值为369.3552时,并且排序第一位的变量LNYY前的系数标准化为1后,计算的协整方程为:

LNYY = -1.62LNL - 0.15LNK + 0.69LNX1 - 0.53LNX2 - 0.15LNX3 + 0.64LNX4 - 0.82LNX5　(2-3)
　　　　(0.09530)　(0.03598)　(0.04211)　(0.05203)　(0.05950)　(0.14151)　(0.10731)

通过协整关系式(2-3),可以看出,LNYY和LNX1、LNX4存在正相关关系,而与LNX2、LNX3和LNX5存在负相关关系,上述括号中的数值为对应变量系数的标准差。另外,计算的调整系数值D(LNX1)为-0.529195,D(LNX3)为-0.519577,D(LNX4)为-0.028139,说明调整系数的多个估计值不全为正值,上述协整关系式(2-3)是有效的。

Ⅱ 验证山东财政支出结构与区域经济增长间的因果关系及动态影响过程。

(ⅰ)Granger因果检验。尽管变量之间具有协整关系,但并不能说明变量之间的因果关系。为了便于说明问题,借鉴国外研究的口径,将财政支出划分为生产性支出(基本建设支出、城市维护费、支援农业支出)和非生产性支出(文教科学卫生事业费、行政管理费)。同样的原理,LNYY、LNSC、LNFS、LNK、LNL之间存在协整关系,并且以LNYY为自变量的协整方程是有效的(过程略)。由于LNYY、LNSC、LNFS均为I(1),所以采用Granger因果分析来检验DLNYY与DLNSC、DLNFS之间的因果关系,而DLNYY、DLNSC、DLNFS等变量的经济学意义分别是人均国内生产总值的增长率、财政生产性支出增长率和财政非生产性支出增长率。检验结果见表2-7。

表2-7　Granger因果检验结果

原假设	滞后期	样本数	F统计量	P值
DLNSC does not Granger Cause DLNYY	2	26	0.05688	0.9449
DLNYY does not Granger Cause DLNSC	2	26	3.17098	0.0932
DLNFS does not Granger Cause DLNYY	2	26	0.40822	0.6700
DLNYY does not Granger Cause DLNFS	2	26	1.09570	0.3527

由表2-7的检验结果可知,在10%的显著性水平下,DLNYY是DLNSC的Granger原因,而DLNSC不是DLNYY的Granger原因;DLNYY和DLNFS之间没

有Granger因果关系。

（ⅱ）脉冲响应函数分析。通过建立滞后期长度为2且有5个内生变量（DLNYY、DLNSC、DLNFS、DLNK、DLNL）的VAR模型，由于其10个AR特征根的倒数的模都小于1（位于单位圆内），验证了VAR模型的稳定性。在此基础上，采用脉冲响应函数，就具有Granger因果关系的内生变量DLNYY和DLNSC，其随机扰动的一个标准差冲击分别对DLNSC和DLNYY所产生的当前和未来取值影响进行分析。相对于协整关系而言，脉冲响应函数反映的是外部环境变化条件下，变量之间的长短期动态关系。图2-2描述了两个变量之间的动态影响过程。横轴代表冲击作用的追踪期，纵轴代表冲击的影响程度。

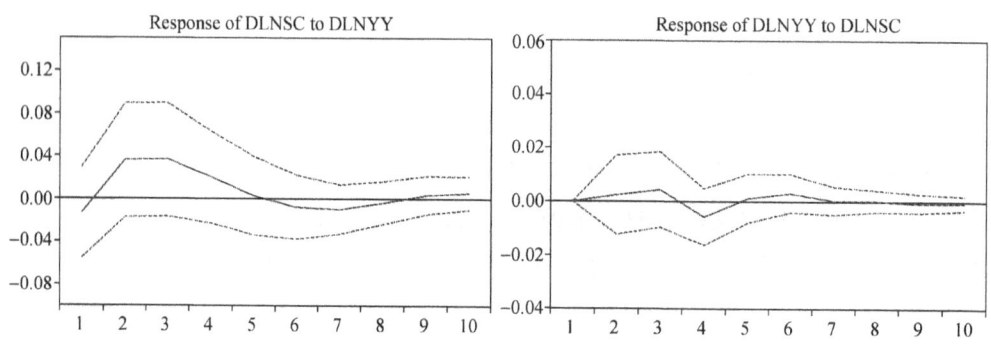

图2-2 脉冲响应函数

从图2-2可以看出，DLNSC对DLNYY一个标准差冲击（对残差进行Cholesky正交分解且经过自由度调整，下同）的响应，呈现出正弦波特征，第1个周期的波动比较明显，此后趋于平稳。DLNYY的一个正冲击之后，会造成DLNSC迅速上升并在第2期达到极大值0.036（中间实线取值，下同），此后开始缓慢回落一直到第7期达到极小值-0.010，之后又开始平缓上升并趋于平稳。DLNYY对DLNSC一个标准差冲击的响应也呈现出一定的正弦波特征，第1个周期的波动比较明显，此后趋于平稳。DLNSC的一个冲击之后，会造成DLNYY在第3期达到极大值0.004，此后迅速回落到第4期的极小值-0.006，之后又开始迅速上升并在第6期达到极大值0.003，第6期之后趋于平稳并有下降趋势。

（4）分析结论及评价。

第一，从改革开放以来山东财政支出规模与支出结构的变化情况来看，伴随着我国以及山东经济的发展,财政支出规模不断扩大,实际财政支出额从1978年的31.9亿元增至2011年的867.56亿元,增长了近30倍;财政支出结构日趋合理,1998~2011年山东各类财政支出实际值反映出近年来财政支出偏重于对基本公共服务的投入,而经济建设类支出所占比重相对较小,财政支出结构的现状符合世界各国支出结构变迁的普遍经验,也符合马斯格雷夫和罗斯托在经济发展阶段理论中阐明的不同阶段财政支出所呈现出的不同内容的发现,体现了山东财政模式向公共财政转变。但发现的主要问题是农业类支出所占比重偏小。由于农业产业天然的弱质性特征,世界各主要经济体普遍通过财政支出措施对农业进行补贴和扶持。山东作为农业大省,农业产值所占比值举足轻重,因此加大农业方面的投入是必然之举。另外,基本公共服务均等化工作的稳步推进是山东现有财政支出结构形成后的拓展性工作,若不能优化基本公共服务资源在不同地域,特别是城乡之间的配置,即使是财政投入总量继续增加,整个社会和经济的运行效率也是难以提升的,并必然产生严重的公平性问题。

第二,从Johansen协整检验的结果来看,在考虑全社会固定资产投资额和从业人员情况下,山东的人均国内生产总值和各类财政支出之间存在着长期均衡的关系。根据协整方程显示的结果,反映了两个层面的问题:其一是不同类型的财政支出对于经济的贡献度(不考虑正负方向)是有差异的,如行政管理费的贡献度最大,其他依次是基本建设支出、文教科学卫生事业费、支援农业支出的贡献度。其二是不同类型财政支出对经济影响的方向不同,显然基本建设支出、文教科学卫生事业费是正向关联关系,其他的是负向关系,这一现象可能是由于这些与经济增长负相关的财政支出科目产生的正效应时滞较长,需要更长的时间序列才能显现;但也有可能是财政支出的低效率所导致,山东今后在优化财政支出结构方面,要有针对性地采取措施提高上述负相关科目的支出效率。

第三,从Granger因果检验结果并结合脉冲响应函数分析结果来看,山东人均国内生产总值增长率是财政生产性支出增长率变动的Granger原因,而财政生产性支出增长率变动不是人均国内生产增长率变动的Granger原因;在前述VAR模型的框架内以及Granger因果关系的前提下,DLNSC对DLNYY响应的第1个周期波动用了7~8期,而DLNYY对DLNSC响应的第1个周期的波动只用了4~5期,显然前者波动的频率相对较低而后者较高,前者的影响周期持续时间较长并且稳定,后者正好相反。这些结果说明实际人均国内生产总值增长率的滞后期能够显著地解释当前财政生产性支出增长率变动，财政生产性支出具有进行宏观经济调控的基本功能，通过调整财政生产性支出政策（可以理解为通过改变外部环境产生随机干扰冲击）会带来经济增长的短期波动。

山东财政支出与区域经济增长情况是山东蔬菜产业发展外部环境因素的两个重要方面，也属于环境竞争力的两个重要方面，财政支出规模与结构属于政府经济政策方面的因素。由以上分析可见，从山东的财政支出结构中发现，山东财政用于农业支出的比重偏低，这显然不利于提高发展农业的基础性资源禀赋条件，不利于蔬菜产业的发展；从地方财政支出与区域经济增长之间存在的长期协整关系中发现，农业支出对经济的贡献是比较大的，但是由于财政农业支出效率偏低造成其与经济增长负相关，优化财政农业支出结构和投入方向是确保山东农业（包括蔬菜产业）发展的关键；区域经济增长会带动包括农业支出在内的生产性财政支出的增加，而生产性财政支出的增加也会刺激区域经济增长，增加包括对于蔬菜产业在内的农业支出投入，对于山东宏观经济的增长是非常有必要的。

2.3 小　结

（1）要素竞争力情况。

通过考察山东等10个省份的蔬菜生产基本要素禀赋发现，山东土地资源禀赋处于中等偏上水平，山东发展蔬菜产业存在一定的土地空间上的"瓶颈"；劳动力禀赋处于中等偏弱水平，说明从事农业生产以及蔬菜种植的从业人口是萎缩和相对匮乏的，但也说明山东蔬菜产业未来需要向产品深加工方向发展；山东的水资源禀赋处于中等偏上水平，说明山东属于水资源匮乏省份，发展蔬菜产业遭受水资源缺乏"瓶颈"，必须因地制宜优化蔬菜品种结构以适应缺水条件，也必须加大农田水利基础设施的建设；山东资本物质禀赋处于中等偏上水平，但从全国来看是比较靠前的，主要得益于大棚蔬菜等设施蔬菜在山东的普及。综合来看，山东蔬菜资源禀赋情况在全国比较靠前，但在蔬菜生产大省的比较中处于中等水平，促进山东蔬菜产业发展的基础性资源优势不显著，山东蔬菜产业面临来自兄弟省份的竞争压力，当然，也面临产业转型和升级的压力。

（2）环境竞争力情况。

从山东的财政支出结构中发现，山东财政用于农业支出的比重偏低，不利于蔬菜产业的发展；农业支出对经济的贡献是比较大的，但是由于财政农业支出效率偏低造成其与经济增长负相关，优化财政农业支出结构和投入方向是确保山东农业（包括蔬菜产业）发展的关键；增加包括对于蔬菜产业在内的农业支出投入，对于山东宏观经济的增长是非常有必要的。

3 山东蔬菜产业出口竞争力的评价

3.1 出口竞争力的概念

波特的产业竞争力具有层次性划分,可以概括为外显层次的竞争力、要素层次的竞争力和环境层次的竞争力。显然,外显层次的竞争力是反映产业竞争力水平的最终结果,属于最后的输出项,是产业竞争力的终极目标。外显层次的竞争力主要由产业生产能力、创新发展能力和市场开拓能力等组成,是产业整体或者局部能力优于其他产业的最终表现形式,也是产业生存和发展的主要依赖。外显层次竞争力与要素层次竞争力以及环境层次竞争力密切相关,通常是一种被决定和决定的因果关联,但也是一种作用与反作用的动态关系;外显层次竞争力与要素层次竞争力以及环境层次竞争力都是多维度的系统性反馈体系,具有复杂性。本研究只选择外显层次竞争力的部分子系统,即出口竞争力作为研究对象。

作为外显层次竞争力的子系统,出口竞争力只反映产业在国际市场上的有效性状况,基本不反映产业的生产能力、创新发展能力。更进一步,如果涉及产业的生产能力、创新发展能力,则研究范畴将扩大至国际竞争力范畴。由此可见,出口竞争力子系统又是国际竞争力子系统的组成部分,出口竞争力是国际竞争力的最终结果,后者的概念范畴显然大于前者。出口竞争力是指一国或地区在可贸易的产品或相关产业上所具有的在对本国开放的外国市场上的市场开拓与占有能力以及获利能力,即市场的有效性。本研究对出口竞争力进行量化分析时选择的主要是市场开拓与占有能力而回避获利能力的分析，主要原因在于定量分析时涉及产业生产获利能力的相关数据搜集的困难性。譬如，要进行生产获利能力的量化分析，势必延伸至生产成本的分析，目前普遍采用的是国内资源成本系数（DRCC），而前文的要素禀赋系数只是比较简易的成本分析方法，而关于成本分析主要以定性分析为主。

3.2 样本及评价的指标体系

基于数据获取的困难程度，以及比较对象确立的困难程度，本研究主要对省际间的出口竞争力水平进行比较分析。拟选取近年来在全国蔬菜出口额排名前10位的省份，包括山东、福建、江苏、云南、浙江、湖北、广东、辽宁、河南、广西，事实证明本研究是可行的。出口竞争力主要反映了产业在国际市场上的市场有效性状况。而反映国际市场有效性指标主要选取国际市场占有率、显性比较优势指数、贸易专业化指数、出口优势变差指数、出口产品质量升级指数、出口依存度、出口贡献率、进口份额8个指标，指标个数小于样本个数10个省份。

(1) 国际市场占有率（MPR）。

该指标主要反映一国或地区某出口商品在国际市场上同类商品中的占有份额：MPR = A/B。A 为国家或地区的某商品出口总额，B 为世界的某商品出口总额；各省蔬菜国际市场占有率（MPR_V）= A'/B'，A'为该省蔬菜出口总额，B'为世界蔬菜出口总额（见表3-1）；该指标值越高，则反映商品出口竞争力越强。

(2) 显性比较优势指数（RAC）。

该指标主要反映某国或地区有关产业或者商品的比较优势：RCA = (X_{ia}/X_{it}) / (X_{wa}/X_{wt})。X_{ia}是 i 国家或者地区出口商品 a 的出口总额（总量）；X_{wa}是世界 a 产品的出口总额（总量）；X_{it}是 i 国家或地区在同时期所有商品的总出口额（总量）；X_{wt}是同时期世界市场上的总出口额。各省份蔬菜 RCA = (X_{iv}/X_i) / (X_v/X)。X_{iv}是 i 省蔬菜出口额；X_i是 i 省同时期商品出口总额；X_v是全国蔬菜出口额；X 是同时期全国商品出口总额（见表3-2）；通常，RCA≥2.5，则反映商品出口竞争力强，RCA<0.8，则反映商品出口竞争力弱，中间取值部分则反映商品出口竞争力较强或者较弱。

表3-1 2004~2012年主要蔬菜出口省份蔬菜国际市场占有率（MPR）

	年份	2004	2005	2006	2007	2008	2009	2010	2011	2012
蔬菜出口额（亿美元）	山东	9.967	12.297	16.696	17.737	15.557	19.824	34.511	37.174	28.436
	福建	3.513	3.976	4.665	4.809	5.011	5.356	7.147	9.195	7.880
	江苏	1.494	2.012	2.992	3.089	2.925	3.556	6.167	5.972	5.926
	云南	1.111	1.297	1.297	1.363	1.957	2.524	4.182	5.986	5.293
	浙江	2.012	2.204	2.582	2.715	2.948	2.976	3.757	4.553	4.068
	湖北	0.503	0.789	0.445	0.384	0.669	2.061	5.280	7.601	3.638
	广东	2.404	2.154	2.302	2.587	2.548	2.847	3.268	3.673	3.150
	辽宁	1.440	1.369	1.656	1.782	1.847	1.661	1.985	2.578	2.601
	河南	0.309	0.637	0.740	0.479	0.620	1.144	2.774	4.099	2.376
	广西	0.288	0.355	0.410	0.549	0.913	0.922	1.657	2.403	2.215
	世界	418.27	480.27	533.92	372.97	405.03	428.90	454.18	480.94	509.29
国际市场占有率（MPR,%）	山东	2.383	2.560	3.127	4.755	3.841	4.622	7.599	7.729	5.583
	福建	0.840	0.828	0.874	1.289	1.237	1.249	1.574	1.912	1.547
	江苏	0.357	0.419	0.560	0.828	0.722	0.829	1.358	1.242	1.164
	云南	0.266	0.270	0.243	0.366	0.483	0.589	0.921	1.245	1.039
	浙江	0.481	0.459	0.484	0.728	0.728	0.694	0.827	0.947	0.799
	湖北	0.120	0.164	0.083	0.103	0.165	0.481	1.162	1.580	0.714
	广东	0.575	0.449	0.431	0.694	0.629	0.664	0.719	0.764	0.618
	辽宁	0.344	0.285	0.310	0.478	0.456	0.387	0.437	0.536	0.511
	河南	0.074	0.133	0.139	0.129	0.153	0.267	0.611	0.852	0.467
	广西	0.069	0.074	0.077	0.147	0.225	0.215	0.365	0.500	0.435

资料来源：根据历年《中国农业年鉴》、王方舟博士的论文《河北蔬菜产业竞争力分析与对策研究》相关数据计算。

表 3-2 2004~2012 年主要蔬菜出口省份蔬菜显性比较优势指数（RAC）

省份指标	年份数据	2004	2005	2006	2007	2008	2009	2010	2011	2012
蔬菜出口额（亿美元）	山东	9.967	12.297	16.696	17.737	15.557	19.824	34.511	37.174	28.436
	福建	3.513	3.976	4.665	4.809	5.011	5.356	7.147	9.195	7.880
	江苏	1.494	2.012	2.992	3.089	2.925	3.556	6.167	5.972	5.926
	云南	1.111	1.297	1.297	1.363	1.957	2.524	4.182	5.986	5.293
	浙江	2.012	2.204	2.582	2.715	2.948	2.976	3.757	4.553	4.068
	湖北	0.503	0.789	0.445	0.384	0.669	2.061	5.280	7.601	3.638
	广东	2.404	2.154	2.302	2.587	2.548	2.847	3.268	3.673	3.150
	辽宁	1.440	1.369	1.656	1.782	1.847	1.661	1.985	2.578	2.601
	河南	0.309	0.637	0.740	0.479	0.620	1.144	2.774	4.099	2.376
	广西	0.288	0.355	0.410	0.549	0.913	0.922	1.657	2.403	2.215
	全国	26.742	31.821	39.795	42.164	41.651	49.120	79.582	93.224	74.357
商品出口总额（亿美元）	山东	358.54	461.28	586	751.29	967.12	826.9	1103.01	1257.88	1359.6
	福建	293.96	348.45	412.6	499.43	559.4	511.2	666.19	928.42	888.4
	江苏	874.97	1229.82	1604.2	2036.98	2452.2	2074	2814.49	3126.2	3342.5
	云南	22.39	26.42	33.9	47.36	44.87	36.8	51.08	94.73	54.2
	浙江	581.59	768.03	1009	1282.94	1659.6	1476.8	2009.44	2163.6	2447.1
	湖北	33.82	44.29	62.6	81.74	114.43	94.3	139.10	195.35	187.5
	广东	1915.58	2381.63	3019.5	3692.58	4111.8	3623.9	4671.77	5319.42	6363
	辽宁	189.18	234.39	283.2	353.25	421.69	327.4	429.43	510.4	525.1
	河南	41.76	50.90	67	83.92	124.17	87.7	121.94	192.4	319.4
	广西	23.86	28.77	35.9	51.11	68.42	49.6	65.25	124.59	92.1
	全国	5933.69	7619.99	9690.7	12180.2	14285.5	12016.6	15777.5	18986	20489.3
显性比较优势指数（RAC）	山东	6.168	6.384	6.938	6.820	5.517	5.865	6.203	6.019	5.763
	福建	2.651	2.733	2.753	2.782	3.072	2.563	2.127	2.017	2.444
	江苏	0.379	0.392	0.454	0.438	0.409	0.419	0.434	0.389	0.489
	云南	11.008	11.755	9.314	8.316	14.963	16.780	16.232	12.869	26.910
	浙江	0.767	0.687	0.623	0.611	0.609	0.493	0.371	0.429	0.458
	湖北	3.302	4.264	1.730	1.358	2.005	5.346	7.525	7.924	5.347
	广东	0.278	0.217	0.186	0.202	0.213	0.192	0.139	0.141	0.136
	辽宁	1.689	1.398	1.424	1.457	1.502	1.241	0.916	1.029	1.365
	河南	1.641	2.996	2.688	1.650	1.713	3.191	4.509	4.339	2.050
	广西	2.678	2.959	2.782	3.103	4.576	4.550	5.034	3.928	6.627

资料来源：根据历年《中国农业年鉴》、《福建经济与社会统计年鉴》数据并计算。

3 山东蔬菜产业出口竞争力的评价

（3）贸易专业化指数（TSC）。

该指标在一定程度上反映国家或者地区的某产业或商品的贸易竞争力水平。贸易专业化指数 $TSC = (E_a - I_a) / (E_a + I_a)$。$E_a$ 为商品 a 的出口总额；I_a 为 a 商品的进口总额。各省份蔬菜贸易专业化指数 $TSC = (E_V - I_V) / (E_V + I_V)$，$E_V$ 为该省蔬菜的出口总额；I_V 为该省蔬菜的进口总额（见表3-3）。一般来说，指标值越大出口竞争力越强，$-1 \leq TSC \leq 1$。

表3-3 2004~2012年主要蔬菜出口省份蔬菜贸易专业化指数（TSC）

	年份 省份	2004	2005	2006	2007	2008	2009	2010	2011	2012
蔬菜出口额（亿美元）	山东	9.967	12.297	16.696	17.737	15.557	19.824	34.511	37.174	28.436
	福建	3.513	3.976	4.665	4.809	5.011	5.356	7.147	9.195	7.880
	江苏	1.494	2.012	2.992	3.089	2.925	3.556	6.167	5.972	5.926
	云南	1.111	1.297	1.297	1.363	1.957	2.524	4.182	5.986	5.293
	浙江	2.012	2.204	2.582	2.715	2.948	2.976	3.757	4.553	4.068
	湖北	0.503	0.789	0.445	0.384	0.669	2.061	5.280	7.601	3.638
	广东	2.404	2.154	2.302	2.587	2.548	2.847	3.268	3.673	3.150
	辽宁	1.440	1.369	1.656	1.782	1.847	1.661	1.985	2.578	2.601
	河南	0.309	0.637	0.740	0.479	0.620	1.144	2.774	4.099	2.376
	广西	0.288	0.355	0.410	0.549	0.913	0.922	1.657	2.403	2.215
蔬菜进口额（亿美元）	山东	0.2080	0.2052	0.2346	0.2943	0.4788	0.5399	0.7768	0.9136	0.9136
	福建	0.1610	0.1531	0.2001	0.3431	0.4086	0.3970	0.6558	0.8119	0.8119
	江苏	0.0019	0.0149	0.0162	0.0115	0.0423	0.0185	0.0221	0.0337	0.0337
	云南	0.0007	0.0016	0.0014	0.0093	0.0346	0.0371	0.0775	0.1240	0.1240
	浙江	0.0801	0.0918	0.0610	0.0532	0.0489	0.0273	0.1582	0.2844	0.2844
	湖北	0.0001	0.0002	0.0001	0.0000	0.0002	0.0002	0.0014	0.0017	0.0017
	广东	0.2917	0.2000	0.2600	0.1855	0.2055	0.1911	0.2645	0.3263	0.3263
	辽宁	0.0359	0.0369	0.0458	0.0465	0.0368	0.0411	0.0406	0.0667	0.0667
	河南	0.0011	0.0088	0.0000	0.0000	0.0000	0.0142	0.0313	0.0155	0.0155
	广西	0.0003	0.0002	0.0001	0.0005	0.0000	0.0001	0.0007	0.0012	0.0012

续表

省份指标	年份数据	2004	2005	2006	2007	2008	2009	2010	2011	2012
蔬菜进出口总额（亿美元）	山东	10.175	12.502	16.930	18.031	16.036	20.364	35.288	38.088	29.349
	福建	3.674	4.130	4.865	5.152	5.419	5.753	7.803	10.007	8.692
	江苏	1.496	2.027	3.008	3.101	2.967	3.574	6.189	6.005	5.959
	云南	1.111	1.298	1.298	1.373	1.992	2.561	4.260	6.110	5.417
	浙江	2.092	2.296	2.643	2.768	2.997	3.003	3.915	4.837	4.352
	湖北	0.503	0.789	0.445	0.384	0.669	2.061	5.281	7.603	3.640
	广东	2.696	2.354	2.562	2.773	2.753	3.038	3.532	3.999	3.476
	辽宁	1.476	1.406	1.702	1.828	1.884	1.702	2.026	2.645	2.668
	河南	0.310	0.646	0.740	0.480	0.620	1.158	2.805	4.114	2.392
	广西	0.288	0.356	0.410	0.550	0.913	0.923	1.657	2.404	2.216
贸易专业化指数（TSC）	山东	0.959	0.967	0.972	0.967	0.940	0.947	0.956	0.952	0.938
	福建	0.912	0.926	0.918	0.867	0.849	0.862	0.832	0.838	0.813
	江苏	0.997	0.985	0.989	0.993	0.972	0.990	0.993	0.989	0.989
	云南	0.999	0.998	0.998	0.986	0.965	0.971	0.964	0.959	0.954
	浙江	0.923	0.920	0.954	0.962	0.967	0.982	0.919	0.882	0.869
	湖北	0.999	0.999	0.999	1.000	0.999	1.000	0.999	1.000	0.999
	广东	0.784	0.830	0.797	0.866	0.851	0.874	0.850	0.837	0.812
	辽宁	0.951	0.947	0.946	0.949	0.961	0.952	0.960	0.950	0.950
	河南	0.993	0.973	1.000	1.000	1.000	0.975	0.978	0.992	0.987
	广西	0.998	0.999	1.000	0.998	1.000	1.000	0.999	0.999	0.999

资料来源：根据历年《中国农业年鉴》数据并计算。

（4）出口优势变差指数（EAV）。

该指标反映了出口商品增长速度与外贸增长速度之间的对比关系。$EAV = (G_a - G_0) \times 100$。$G_a$ 为某国或地区 a 商品的出口总额（总量）增长率；G_0 为所有商品出口总额增长率。各省份蔬菜 $EAV = (G_v - G_0) \times 100$。$G_v$ 为该省蔬菜的出口总额的年增长率；G_0 为该省所有商品出口总额的年增长率。一般来说，指标值越大出口竞争力越强。

3 山东蔬菜产业出口竞争力的评价

表3-4 2004~2012年主要蔬菜出口省份蔬菜出口优势变差指数（EAV）

指标	省份	2004	2005	2006	2007	2008	2009	2010	2011	2012
蔬菜出口额年增长率（%）	山东	30.556	23.376	35.772	6.233	-12.287	27.428	74.084	7.717	-23.507
	福建	15.167	13.204	17.322	3.087	4.191	6.886	33.445	28.652	-14.302
	江苏	24.512	34.692	48.680	3.260	-5.332	21.580	73.426	-3.162	-0.768
	云南	53.496	16.760	-0.020	5.148	43.577	28.950	65.682	43.136	-11.577
	浙江	15.400	9.551	17.159	5.139	8.600	0.945	26.232	21.199	-10.653
	湖北	353.955	56.664	-43.590	-13.631	74.135	208.060	156.186	43.968	-52.136
	广东	14.452	-10.395	6.833	12.401	-1.520	11.749	14.771	12.406	-14.240
	辽宁	11.122	-4.982	20.973	7.607	3.670	-10.072	19.510	29.877	0.906
	河南	-2.473	106.185	16.165	-35.179	29.316	84.512	142.436	47.786	-42.026
	广西	13.537	23.457	15.391	33.843	66.281	1.043	79.584	45.067	-7.829
商品出口总额年增长率（%）	山东	29.449	28.657	27.037	28.206	28.728	-14.499	33.391	14.041	8.087
	福建	25.219	18.534	18.412	21.045	12.008	-8.616	30.318	39.363	-4.311
	江苏	46.826	40.556	30.442	26.978	20.384	-15.423	35.703	11.075	6.919
	云南	52.301	18.000	28.321	39.705	-5.258	-17.985	38.801	85.458	-42.785
	浙江	31.012	32.058	31.375	27.150	29.359	-11.015	36.067	7.672	13.103
	湖北	31.812	30.938	41.350	30.575	39.993	-17.592	47.508	40.439	-4.018
	广东	24.545	24.329	26.783	22.291	11.353	-11.866	28.916	13.863	19.618
	辽宁	25.758	23.901	20.824	24.735	19.374	-22.360	31.163	18.856	2.880
	河南	25.128	21.903	31.629	25.254	47.962	-29.371	39.045	57.779	66.008
	广西	34.269	20.565	24.799	42.368	33.868	-27.507	31.543	90.957	-26.078
出口优势变差指数（EAV）	山东	1.106	-5.282	8.734	-21.973	-41.015	41.927	40.694	-6.324	-31.593
	福建	-10.051	-5.330	-1.089	-17.958	-7.816	15.502	3.127	-10.711	-9.992
	江苏	-22.314	-5.865	18.238	-23.718	-25.716	37.003	37.723	-14.237	-7.687
	云南	1.195	-1.240	-28.342	-34.558	48.835	46.935	26.881	-42.322	31.208
	浙江	-15.612	-22.507	-14.216	-22.011	-20.759	11.959	-9.835	13.527	-23.756
	湖北	322.143	25.726	-84.940	-44.206	34.142	225.651	108.679	3.530	-48.118
	广东	-10.094	-34.724	-19.950	-9.890	-12.873	23.615	-14.144	-1.457	-33.858
	辽宁	-14.636	-28.883	0.149	-17.129	-15.704	12.288	-11.654	11.022	-1.974
	河南	-27.601	84.282	-15.464	-60.433	-18.647	113.883	103.391	-9.993	-108.03
	广西	-20.732	2.892	-9.408	-8.525	32.413	28.549	48.041	-45.890	18.249

注：2003年蔬菜出口数据缺失，计算2004年蔬菜出口年增长率=［（2004年蔬菜出口总额－2002年蔬菜出口总额）/2002年蔬菜出口总额］÷2。

资料来源：根据历年《中国农业年鉴》、《福建经济与社会统计年鉴》数据并计算。

（5）出口产品质量升级指数（QC）。

该指标反映出口商品自身质量变化情况。QC = (E_{at}/N_{at}) / (E_{ao}/N_{ao})。E_{at} 和 N_{at} 分别表示在 t 报告期 a 商品的出口金额和出口数量；E_{ao} 和 N_{ao} 分别表示 o 基期时 a 商品的出口金额和数量。各省份蔬菜出口商品质量升级指数 QC = (E_{vt}/N_{vt}) / (E_{vo}/N_{vo})。E_{vt} 和 N_{vt} 分别表示在第 t 年蔬菜的出口金额和出口数量；E_{vo} 和 N_{vo} 分别表示 o 基期（2002 年为基期）时蔬菜的出口金额和出口数量。该指标显示数值越大，说明出口产品质量提升越高。

表 3-5 2004~2012 年主要蔬菜出口省份蔬菜出口产品质量升级指数（QC）

指标	省份	2004	2005	2006	2007	2008	2009	2010	2011	2012	基期 2002
蔬菜出口额（亿美元）	山东	9.967	12.297	16.696	17.737	15.557	19.824	34.511	37.174	28.436	6.187
	福建	3.513	3.976	4.665	4.809	5.011	5.356	7.147	9.195	7.880	2.695
	江苏	1.494	2.012	2.992	3.089	2.925	3.556	6.167	5.972	5.926	1.003
	云南	1.111	1.297	1.297	1.363	1.957	2.524	4.182	5.986	5.293	0.537
	浙江	2.012	2.204	2.582	2.715	2.948	2.976	3.757	4.553	4.068	1.538
	湖北	0.503	0.789	0.445	0.384	0.669	2.061	5.280	7.601	3.638	0.062
	广东	2.404	2.154	2.302	2.587	2.548	2.847	3.268	3.673	3.150	1.865
	辽宁	1.440	1.369	1.656	1.782	1.847	1.661	1.985	2.578	2.601	1.178
	河南	0.309	0.637	0.740	0.479	0.620	1.144	2.774	4.099	2.376	0.325
	广西	0.288	0.355	0.410	0.549	0.913	0.922	1.657	2.403	2.215	0.227
蔬菜出口量（万吨）	山东	179.59	200.84	238.08	271.59	257.55	274.29	289.17	356.51	315.02	132.03
	福建	36.37	42.50	44.08	39.02	38.17	43.17	43.20	48.43	41.71	26.58
	江苏	25.88	34.54	42.68	44.73	45.59	47.03	50.58	53.93	56.61	17.00
	云南	8.74	13.98	16.81	18.06	22.89	26.07	28.03	39.33	56.96	5.18
	浙江	18.95	19.84	20.29	21.51	23.42	20.30	23.03	25.55	21.20	14.00
	湖北	0.66	2.15	2.07	1.26	2.72	3.32	5.02	8.49	6.32	0.55
	广东	86.00	70.54	68.58	84.85	80.96	77.04	76.81	82.81	81.34	75.77
	辽宁	13.07	11.61	14.79	14.19	14.71	13.30	14.16	17.24	18.84	10.75
	河南	7.99	11.61	10.57	6.78	5.99	7.89	8.84	10.76	10.05	9.33
	广西	11.39	13.16	14.58	20.31	29.11	27.39	25.21	28.91	34.64	10.17

续表

省份 指标	数据 年份	2004	2005	2006	2007	2008	2009	2010	2011	2012	基期 2002
出口产品质量升级指数（QC）	山东	1.184	1.307	1.497	1.394	1.289	1.542	2.547	2.225	1.926	1.000
	福建	0.953	0.923	1.044	1.216	1.295	1.224	1.632	1.873	1.863	1.000
	江苏	0.979	0.988	1.189	1.171	1.088	1.282	2.068	1.878	1.775	1.000
	云南	1.226	0.895	0.744	0.728	0.825	0.934	1.440	1.469	0.897	1.000
	浙江	0.966	1.011	1.158	1.149	1.146	1.334	1.484	1.621	1.746	1.000
	湖北	6.659	3.217	1.885	2.674	2.162	5.456	9.239	7.872	5.058	1.000
	广东	1.136	1.241	1.363	1.239	1.278	1.501	1.728	1.802	1.573	1.000
	辽宁	1.005	1.075	1.021	1.145	1.145	1.139	1.278	1.364	1.260	1.000
	河南	1.110	1.575	2.010	2.030	2.971	4.165	9.011	10.932	6.786	1.000
	广西	1.135	1.212	1.263	1.213	1.407	1.511	2.949	3.731	2.869	1.000

资料来源：根据历年《中国农业年鉴》数据并计算。

（6）出口依存度。

该指标主要说明某国或地区经济对于某产品进出口的依赖程度。出口依存度＝某国或地区某商品某年进出口总额/该国或该地区当年GDP×100。各省份蔬菜出口依存度＝该省某年蔬菜进出口总额/该省当年GDP×100。该指标显示数值越大，说明该地区经济对于某产品进出口依赖的程度越大。

表 3－6　2004~2012 年主要蔬菜出口省份蔬菜出口依存度

省份 指标	数据 年份	2004	2005	2006	2007	2008	2009	2010	2011	2012
蔬菜进出口总额（亿元）	山东	84.220	103.479	138.690	143.738	121.938	141.431	241.051	257.835	189.56
	福建	30.407	34.180	39.856	41.074	41.209	39.954	53.302	67.742	56.139
	江苏	12.381	16.779	24.641	24.720	22.560	24.823	42.275	40.653	38.491
	云南	9.199	10.747	10.633	10.942	15.148	17.788	29.097	41.362	34.988
	浙江	17.313	19.000	21.650	22.065	22.789	20.858	26.742	32.747	28.111
	湖北	4.167	6.529	3.645	3.063	5.089	14.314	36.075	51.467	23.509
	广东	22.315	19.487	20.984	22.102	20.935	21.100	24.127	27.073	22.452
	辽宁	12.219	11.634	13.938	14.573	14.324	11.821	13.837	17.904	17.233
	河南	2.565	5.343	6.059	3.823	4.715	8.044	19.160	27.852	15.448
	广西	2.385	2.944	3.361	4.381	6.942	6.407	11.321	16.276	14.314

续表

省份指标	年份数据	2004	2005	2006	2007	2008	2009	2010	2011	2012
GDP（亿元）	山东	15022	18468	21847	25888	31072	33805	39416	45429	50013
	福建	5763	6569	7821	9426	11569	12777	14932	17933	19702
	江苏	15004	18599	21742	26018	30982	34457	41425	49110	54058
	云南	3082	3463	3988	4773	5692	6170	7224	8893	10310
	浙江	11649	13418	15718	18754	21463	22990	27722	32319	34665
	湖北	5633	6520	7972	9550	11729	13240	16182	20167	22659
	广东	18865	22557	26588	31777	36797	39483	46013	53210	57068
	辽宁	6672	8047	9305	11164	13669	15212	18457	22227	24846
	河南	8554	10587	12363	15012	18019	19480	23092	26931	29599
	广西	3434	3984	4746	5823	7021	7759	9570	11721	13035
出口依存度	山东	0.561	0.560	0.635	0.555	0.392	0.418	0.612	0.568	0.379
	福建	0.528	0.520	0.510	0.436	0.356	0.313	0.357	0.378	0.285
	江苏	0.083	0.090	0.113	0.095	0.073	0.072	0.102	0.083	0.071
	云南	0.298	0.310	0.267	0.229	0.266	0.288	0.403	0.465	0.339
	浙江	0.149	0.142	0.138	0.118	0.106	0.091	0.096	0.101	0.081
	湖北	0.074	0.100	0.046	0.032	0.043	0.108	0.223	0.255	0.104
	广东	0.118	0.086	0.079	0.070	0.057	0.053	0.052	0.051	0.039
	辽宁	0.183	0.145	0.150	0.131	0.105	0.078	0.075	0.081	0.069
	河南	0.030	0.050	0.049	0.025	0.026	0.041	0.083	0.103	0.052
	广西	0.069	0.074	0.071	0.075	0.099	0.083	0.118	0.139	0.110
汇率均价(元)	100美元	827.70	827.68	819.17	797.18	760.40	694.51	683.10	676.95	645.88

注：蔬菜进出口总额按照汇率均价折算成人民币单位。

资料来源：根据历年《中国农业年鉴》、各省《统计年鉴》、《中华人民共和国年鉴2013》数据并计算。

(7) 出口贡献率。

该指标反映某国或地区某出口商品对该国或地区总出口的贡献情况。出口贡献率=某国或地区某商品的出口额/该地区总出口额。各省份蔬菜出口贡献率=该省年度蔬菜出口额/省年度所有商品出口总额。该指标显示数值越大，说明该产品出口对于该地区总出口做出的贡献越大。

表 3-7　2004~2012 年主要蔬菜出口省份蔬菜出口贡献率

指标	省份	2004	2005	2006	2007	2008	2009	2010	2011	2012
蔬菜出口额（亿美元）	山东	9.967	12.297	16.696	17.737	15.557	19.824	34.511	37.174	28.436
	福建	3.513	3.976	4.665	4.809	5.011	5.356	7.147	9.195	7.880
	江苏	1.494	2.012	2.992	3.089	2.925	3.556	6.167	5.972	5.926
	云南	1.111	1.297	1.297	1.363	1.957	2.524	4.182	5.986	5.293
	浙江	2.012	2.204	2.582	2.715	2.948	2.976	3.757	4.553	4.068
	湖北	0.503	0.789	0.445	0.384	0.669	2.061	5.280	7.601	3.638
	广东	2.404	2.154	2.302	2.587	2.548	2.847	3.268	3.673	3.150
	辽宁	1.440	1.369	1.656	1.782	1.847	1.661	1.985	2.578	2.601
	河南	0.309	0.637	0.740	0.479	0.620	1.144	2.774	4.099	2.376
	广西	0.288	0.355	0.410	0.549	0.913	0.922	1.657	2.403	2.215
商品出口总额（亿美元）	山东	358.54	461.28	586.00	751.29	967.12	826.90	1103.01	1257.88	1359.60
	福建	293.96	348.45	412.60	499.43	559.40	511.20	666.19	928.42	888.40
	江苏	874.97	1229.82	1604.20	2036.98	2452.20	2074.00	2814.49	3126.20	3342.50
	云南	22.39	26.42	33.90	47.36	44.87	36.80	51.08	94.73	54.20
	浙江	581.59	768.03	1009.00	1282.94	1659.60	1476.80	2009.44	2163.60	2447.10
	湖北	33.82	44.29	62.60	81.74	114.43	94.30	139.10	195.35	187.5
	广东	1915.58	2381.63	3019.50	3692.58	4111.80	3623.90	4671.77	5319.42	6363.00
	辽宁	189.18	234.39	283.20	353.25	421.69	327.40	429.43	510.40	525.10
	河南	41.76	50.90	67.00	83.92	124.17	87.70	121.94	192.40	319.40
	广西	23.86	28.77	35.90	51.11	68.42	49.60	65.25	124.59	92.10
出口贡献率（%）	山东	2.780	2.666	2.849	2.361	1.609	2.397	3.129	2.955	2.091
	福建	1.195	1.141	1.131	0.963	0.896	1.048	1.073	0.990	0.887
	江苏	0.171	0.164	0.186	0.152	0.119	0.171	0.219	0.191	0.177
	云南	4.961	4.909	3.825	2.879	4.363	6.859	8.187	6.319	9.766
	浙江	0.346	0.287	0.256	0.212	0.178	0.202	0.187	0.210	0.166
	湖北	1.488	1.780	0.711	0.470	0.585	2.185	3.796	3.891	1.940
	广东	0.126	0.090	0.076	0.070	0.062	0.079	0.070	0.069	0.050
	辽宁	0.761	0.584	0.585	0.504	0.438	0.507	0.462	0.505	0.495
	河南	0.740	1.251	1.104	0.571	0.499	1.304	2.274	2.130	0.744
	广西	1.207	1.236	1.143	1.074	1.334	1.860	2.539	1.929	2.405

资料来源：根据历年《中国农业年鉴》、《福建经济与社会统计年鉴》数据并计算。

(8) 进口份额。

该指标作为衡量出口竞争力的一个辅助指标而存在,反映了某国或地区某商品进口总额（总量）占该国或地区进口份额。进口份额=某国或地区某商品进口额/该地区进口总额。各省份蔬菜进口份额=该省蔬菜年度进口额/该省年度所有商品进口总额。该指标数值越大,说明商品进口份额越大。

表3-8 2004~2012年主要蔬菜出口省份蔬菜进口份额

指标	省份	2004	2005	2006	2007	2008	2009	2010	2011	2012
蔬菜进口额（亿美元）	山东	0.2080	0.2052	0.2346	0.2943	0.4788	0.5399	0.7768	0.9136	0.9136
	福建	0.1610	0.1531	0.2001	0.3431	0.4086	0.3970	0.6558	0.8119	0.8119
	江苏	0.0019	0.0149	0.0162	0.0115	0.0423	0.0185	0.0221	0.0337	0.0337
	云南	0.0007	0.0016	0.0014	0.0093	0.0346	0.0371	0.0775	0.1240	0.1240
	浙江	0.0801	0.0918	0.0610	0.0532	0.0489	0.0273	0.1582	0.2844	0.2844
	湖北	0.0001	0.0002	0.0001	0.0000	0.0002	0.0002	0.0014	0.0017	0.0017
	广东	0.2917	0.2000	0.2600	0.1855	0.2055	0.1911	0.2645	0.3263	0.3263
	辽宁	0.0359	0.0369	0.0458	0.0465	0.0368	0.0411	0.0406	0.0667	0.0667
	河南	0.0011	0.0088	0.0000	0.0000	0.0000	0.0142	0.0313	0.0155	0.0155
	广西	0.0003	0.0002	0.0001	0.0005	0.0000	0.0001	0.0007	0.0012	0.0012
商品进口总额（亿美元）	山东	248.21	306.14	366.15	751.29	910.40	807.40	1148.60	1500.63	1606.80
	福建	181.53	195.84	213.98	245.15	307.86	301.40	439.31	538.58	573.50
	江苏	833.60	1049.59	1235.77	1458.64	1852.60	1586.00	2173.34	2568.05	2545.50
	云南	15.12	21.00	28.40	40.44	48.55	37.50	52.25	60.49	66.90
	浙江	270.70	305.87	382.54	485.40	763.75	630.00	863.06	1123.99	1035.30
	湖北	33.89	46.26	55.02	66.85	99.05	82.10	121.19	146.71	136.80
	广东	1655.75	1898.18	2252.63	2648.08	3063.86	2695.60	3668.29	4435.78	4788.20
	辽宁	155.19	175.74	200.72	241.47	400.54	370.70	523.49	618.09	656.00
	河南	24.45	26.37	31.62	44.13	75.20	62.60	78.21	139.15	224.00
	广西	18.92	23.05	30.74	41.57	80.58	85.70	130.24	237.31	316.50

3 山东蔬菜产业出口竞争力的评价

续表

省份 指标	年份 数据	2004	2005	2006	2007	2008	2009	2010	2011	2012
进口份额（%）	山东	0.0838	0.0670	0.0641	0.0392	0.0526	0.0669	0.0676	0.0609	0.0569
	福建	0.0887	0.0782	0.0935	0.1400	0.1327	0.1317	0.1493	0.1508	0.1416
	江苏	0.0002	0.0014	0.0013	0.0008	0.0023	0.0012	0.0010	0.0013	0.0013
	云南	0.0045	0.0074	0.0048	0.0229	0.0713	0.0990	0.1484	0.2050	0.1853
	浙江	0.0296	0.0300	0.0159	0.0110	0.0064	0.0043	0.0183	0.0253	0.0275
	湖北	0.0004	0.0005	0.0002	—	0.0002	0.0002	0.0011	0.0012	0.0012
	广东	0.0176	0.0105	0.0115	0.0070	0.0067	0.0071	0.0072	0.0074	0.0068
	辽宁	0.0231	0.0210	0.0228	0.0193	0.0092	0.0111	0.0078	0.0108	0.0102
	河南	0.0045	0.0332	—	0.0001	0.0001	0.0227	0.0400	0.0111	0.0069
	广西	0.0014	0.0010	0.0003	0.0013	—	0.0002	0.0005	0.0005	0.0004

资料来源：根据历年《中国农业年鉴》、《福建经济与社会统计年鉴》数据并计算。

3.3 省际间的综合比较分析

选取了近年来在蔬菜出口金额排名前 10 位的省份作为比较对象，分别是山东、福建、江苏、云南、浙江、湖北、广东、辽宁、河南、广西。考虑到我们对全国 10 个省份的蔬菜产业进行对比和进行综合竞争力评价，所以，指标选取的个数不突破 10 个，最终选定了上述 8 个指标：X1——国际市场占有率；X2——显性比较优势指数；X3——贸易专业化指数；X4——出口优势变差指数；X5——出口产品质量升级指数；X6——出口依存度；X7——出口贡献率；X8——进口份额。利用各省份 2004～2012 年指标数值的均值，对各主要蔬菜出口省份蔬菜出口竞争力进行综合比较分析。分析方法是因子分析法。所谓因子分析就是依据变量之间的相关性大小对变量进行分组，相关性较高的变量分在同组，而不同组的变量之间相关性较低。每一个组的变量形成的基本结构可以用不可测的综合变量表示，这一结构就是公共因子。因子分析的基本目的就是用少数几个因子去描述许多指标或因素之间的联系，以较少的几个因子反映原资料的大部分信息，起到减少简化变量维数的目的。

（1）分析所用数据列表。

将10个省份8个指标的原始数据列表如下，见表3-9。

表3-9　各省份指标数值2004~2012年的均值

指标 省份	国际市场占有率 X1	显性比较优势指数 X2	贸易专业化指数 X3	出口优势变差指数 X4	出口产品质量升级指数 X5	出口依存度 X6	出口贡献率 X7	进口份额 X8
山东	4.689	6.186	0.955	-1.525	1.657	0.520	2.537	0.062
福建	1.261	2.571	0.869	-4.924	1.336	0.409	1.036	0.123
江苏	0.831	0.423	0.988	-0.730	1.380	0.087	0.172	0.001
云南	0.602	14.239	0.977	5.399	1.018	0.318	5.785	0.083
浙江	0.683	0.561	0.931	-11.468	1.291	0.113	0.227	0.019
湖北	0.508	4.311	0.999	60.290	4.914	0.109	1.872	0.001
广东	0.616	0.189	0.833	-12.597	1.429	0.067	0.077	0.009
辽宁	0.416	1.336	0.952	-7.391	1.159	0.113	0.538	0.015
河南	0.314	2.753	0.989	6.820	4.510	0.051	1.180	0.013
广西	0.234	4.026	0.999	5.066	1.921	0.093	1.636	0.001

（2）分析过程。

1）利用Stata10.0软件，检验数据是否适合因子分析，KMO值为0.5233，根据Kaiser的KMO度量标准可知原始变量适合进行因子分析。

2）通过主因子分析（Factor），得到主成分因子结果（见图3-1）。

根据分析结果，只有前3个主成分具有大于1的特征值，这3个主成分解释了8个变量组合方差的86.1%，提取前3个因子。

3）碎石图（见图3-2）。

根据碎石图，特征值等于1处的水平线标示了保留主成分的常用分界点，同时再次强调了本例中的主成分4到主成分8并不重要，保留前3个因子。

```
Factor analysis/correlation              Number of obs    =      10
    Method: principal-component factors  Retained factors =       3
    Rotation: (unrotated)                Number of params =      21
```

Factor	Eigenvalue	Difference	Proportion	Cumulative
Factor1	3.29235	0.72888	0.4115	0.4115
Factor2	2.56347	1.53282	0.3204	0.7320
Factor3	1.03065	0.33629	0.1288	0.8608
Factor4	0.69436	0.45075	0.0868	0.9476
Factor5	0.24360	0.07052	0.0305	0.9781
Factor6	0.17308	0.17060	0.0216	0.9997
Factor7	0.00249	0.00248	0.0003	1.0000
Factor8	0.00000	.	0.0000	1.0000

LR test: independent vs. saturated: chi2(28) = 128.82 Prob>chi2 = 0.0000

Factor loadings (pattern matrix) and unique variances

Variable	Factor1	Factor2	Factor3	Uniqueness
x1	0.6375	-0.1167	0.6557	0.1500
x2	0.7056	0.6039	-0.3398	0.0220
x3	-0.1575	0.7906	-0.0449	0.3481
x4	-0.2155	0.8384	0.2973	0.1624
x5	-0.4565	0.6690	0.4275	0.1614
x6	0.9376	-0.0474	0.3243	0.0134
x7	0.6965	0.6205	-0.3271	0.0229
x8	0.8627	-0.1494	-0.0028	0.2334

图 3-1 X1~X8 主因子法因子分析结果

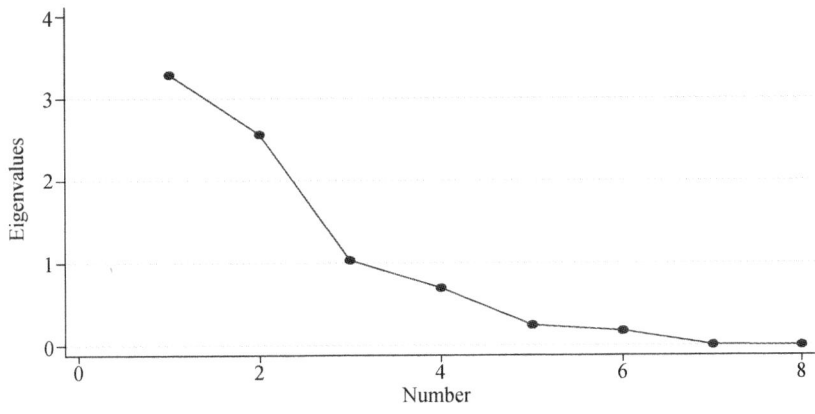

图 3-2 因子分析碎石图

4) 因子旋转（见图 3-3）。为了使因子结构得到进一步简化，在提取因子之后进行旋转。

```
Factor analysis/correlation              Number of obs    =    10
    Method: principal-component factors  Retained factors =     3
    Rotation: orthogonal varimax (Kaiser off)  Number of params =    21
```

Factor	Variance	Difference	Proportion	Cumulative
Factor1	2.44449	0.17586	0.3056	0.3056
Factor2	2.26863	0.09527	0.2836	0.5891
Factor3	2.17336	.	0.2717	0.8608

LR test: independent vs. saturated: chi2(28) = 128.82 Prob>chi2 = 0.0000

Rotated factor loadings (pattern matrix) and unique variances

Variable	Factor1	Factor2	Factor3	Uniqueness
x1	-0.0066	0.0158	0.9218	0.1500
x2	0.9706	0.0720	0.1755	0.0220
x3	0.3892	0.6619	-0.2495	0.3481
x4	0.2053	0.8900	-0.0575	0.1624
x5	-0.1118	0.9019	-0.1126	0.1614
x6	0.3920	-0.1962	0.8913	0.0134
x7	0.9682	0.0946	0.1757	0.0229
x8	0.4531	-0.4147	0.6239	0.2334

Factor rotation matrix

	Factor1	Factor2	Factor3
Factor1	0.6253	-0.3410	0.7019
Factor2	0.5877	0.7975	-0.1361
Factor3	-0.5134	0.4976	0.6991

图 3-3 旋转后的方差解释表、因子载荷表和因子转移矩阵表

根据分析结果，提取的因子 F1（Factor1）的方差贡献率为 2.44449，对解释原有变量的贡献最大；F1 在变量 X2 和 X7 中的因子载荷系数最大；F2 在变量 X3、X4 和 X5 中的因子载荷系数最大；F3 在变量 X1、X6 和 X8 中的因子载荷系数最大。

5）因子载荷图（见图 3-4）。

因子载荷图更加直观地反映了 F1 在变量 X2 和 X7 中的因子载荷系数最大；F2 在变量 X3、X4 和 X5 中的因子载荷系数最大。

6）主因子得分（见图 3-5）。

图 3-5 中，显示了 1（山东）、2（福建）、3（江苏）、4（云南）、5（浙江）、6（湖北）、7（广东）、8（辽宁）、9（河南）、10（广西）的因子 F1、F2、F3 得分情况。

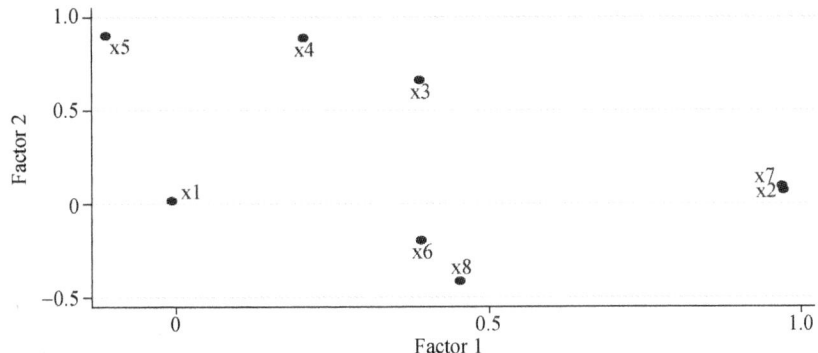

图 3-4 因子载荷图

	f1	f2	f3
1.	.0460078	.3203152	2.393854
2.	-.1617	-.9254592	1.16112
3.	-.5642504	-.0384351	-.4850829
4.	2.635915	-.6029787	-.3331721
5.	-.6193562	-.6052449	-.3709565
6.	.0175794	2.26854	-.0884672
7.	-1.031396	-.9810676	-.3521244
8.	-.3453039	-.5223849	-.5795987
9.	-.2515552	.9540962	-.493465
10.	.2740592	.1326189	-.8521068

图 3-5 主因子得分

7) 综合得分 (见表 3-10)。

根据图 3-3 旋转后的方差解释表,可以构建出公因子综合得分的计算公式:

F = 0.3056F1 + 0.2836F2 + 0.2717F3

将图 3-5 各因子得分数据代入,则可以得到各省份蔬菜产业出口竞争力水平综合得分。

表 3-10 各省份蔬菜产业出口竞争力水平综合得分由高到低排序 (按均值)

省份	综合得分
山东	0.7553
湖北	0.6247
云南	0.5440

续表

省份	综合得分
河南	0.0596
福建	0.0036
广西	-0.1102
江苏	-0.3151
辽宁	-0.4112
浙江	-0.4617
广东	-0.6891

(3) 基本结论。

从单个因子来看，在因子 F1 中，山东的得分是 0.0460078，仅次于云南的 2.635915，说明山东蔬菜产业在显性比较优势指数和出口贡献率等指标中的表现突出；在因子 F2 中山东的得分是 0.3203152，不及湖北的 2.26854 和河南的 0.9540962，排名第三位，说明山东蔬菜产业在贸易专业化指数、出口优势变差指数、出口产品质量升级指数等指标中的表现较好；在因子 F3 中，山东的得分是 2.393854，位居第一，其后是福建 1.16112，说明山东蔬菜产业在国际市场占有率、出口依存度和进口份额等指标中的表现占有绝对的优势；从综合得分情况来看，山东的得分是 0.7553，位居第一，但排名第二位的湖北综合得分为 0.6247，排名第三位的云南综合得分为 0.5440，已经和第一名的综合得分非常接近，说明山东蔬菜产业出口竞争力面对的竞争压力非常巨大。

3.4 省际间的年度（2004～2012 年）比较分析

利用因子得分法，计算出历年各主要蔬菜出口省份蔬菜出口竞争力的综合得分并进行了排名，观察有关省份历年综合得分的时间序列变化趋势，判断蔬菜产业出口竞争力的动态演化趋势。

3.4.1 根据2004年数据的因子分析

（1）数据列表。

表3-11　2004年各省份蔬菜出口竞争力指标数值

指标 省份	国际市场 占有率 X1	显性比较 优势指数 X2	贸易专业 化指数 X3	出口优势 变差指数 X4	出口产品质 量升级指数 X5	出口依 存度 X6	出口 贡献率 X7	进口 份额 X8
山东	2.5604	6.3837	0.9672	-5.2816	1.3067	0.5603	2.6658	0.0670
福建	0.8280	2.7327	0.9258	-5.3302	0.9227	0.5203	1.1412	0.0782
江苏	0.4190	0.3918	0.9853	-5.8645	0.9881	0.0902	0.1636	0.0014
云南	0.2700	11.7553	0.9976	-1.2399	0.8954	0.3104	4.9090	0.0074
浙江	0.4589	0.6871	0.9200	-22.5068	1.0108	0.1416	0.2869	0.0300
湖北	0.1642	4.2636	0.9994	25.7258	3.2174	0.1001	1.7805	0.0005
广东	0.4486	0.2166	0.8301	-34.7241	1.2406	0.0864	0.0905	0.0105
辽宁	0.2850	1.3982	0.9474	-28.8828	1.0754	0.1446	0.5839	0.0210
河南	0.1326	2.9956	0.9729	84.2823	1.5745	0.0505	1.2510	0.0332
广西	0.0740	2.9593	0.9986	2.8917	1.2120	0.0739	1.2358	0.0010

（2）因子分析结果（仅显示旋转后的方差解释表和主因子得分情况，见图3-6）。

```
   Factor      Variance    Difference    Proportion    Cumulative
   Factor1     2.78574     0.43568       0.3482        0.3482
   Factor2     2.35006     0.30754       0.2938        0.6420
   Factor3     2.04252     .             0.2553        0.8973
```

```
          f1            f2           f3
 1.    2.050618      .7406374     .0132067
 2.    1.431016     -.307621     -.1692005
 3.    -.7500901    -.4019777    -.4165692
 4.    -.4598841    2.339566     -.4267905
 5.    -.0420036    -.7027167    -.3258235
 6.    -.406725      .0325307    2.815617
 7.    .2352673    -1.443675    -.2502324
 8.    -.2111167   -.3082605    -.3492406
 9.    -.9291877   -.1263171    -.4543763
10.    -.9178943    .1778322    -.4365911
```

图3-6　旋转后的方差解释表和主因子得分情况

(3) 综合得分(见表3-12)。

可以构建出公因子综合得分的计算公式:

F = 0.3482F1 + 0.2938F2 + 0.2553F3

将图3-6各因子得分数据代入,则可以得到各省份蔬菜产业出口竞争力水平综合得分。

表3-12 2004年各省份蔬菜产业出口竞争力水平综合得分及排序

省份	综合得分
山东	0.9350
湖北	0.5868
云南	0.4183
福建	0.3647
辽宁	-0.2532
浙江	-0.3043
广西	-0.3788
广东	-0.4061
河南	-0.4767
江苏	-0.4856

3.4.2 根据2005年数据的因子分析

(1) 数据列表。

表3-13 2005年各省份蔬菜出口竞争力指标数值

指标 省份	国际市场占有率 X1	显性比较优势指数 X2	贸易专业化指数 X3	出口优势变差指数 X4	出口产品质量升级指数 X5	出口依存度 X6	出口贡献率 X7	进口份额 X8
山东	2.5604	6.3837	0.9672	-5.2816	1.3067	0.5603	2.6658	0.0670
福建	0.8280	2.7327	0.9258	-5.3302	0.9227	0.5203	1.1412	0.0782
江苏	0.4190	0.3918	0.9853	-5.8645	0.9881	0.0902	0.1636	0.0014

续表

指标 省份	国际市场占有率 X1	显性比较优势指数 X2	贸易专业化指数 X3	出口优势变差指数 X4	出口产品质量升级指数 X5	出口依存度 X6	出口贡献率 X7	进口份额 X8
云南	0.2700	11.7553	0.9976	-1.2399	0.8954	0.3104	4.9090	0.0074
浙江	0.4589	0.6871	0.9200	-22.5068	1.0108	0.1416	0.2869	0.0300
湖北	0.1642	4.2636	0.9994	25.7258	3.2174	0.1001	1.7805	0.0005
广东	0.4486	0.2166	0.8301	-34.7241	1.2406	0.0864	0.0905	0.0105
辽宁	0.2850	1.3982	0.9474	-28.8828	1.0754	0.1446	0.5839	0.0210
河南	0.1326	2.9956	0.9729	84.2823	1.5745	0.0505	1.2510	0.0332
广西	0.0740	2.9593	0.9986	2.8917	1.2120	0.0739	1.2358	0.0010

（2）因子分析结果（仅显示旋转后的方差解释表和主因子得分情况，见图3-7）。

```
Factor      Variance    Difference    Proportion    Cumulative
Factor1     2.54567     0.08363       0.3182        0.3182
Factor2     2.46204     0.80692       0.3078        0.6260
Factor3     1.65512        .          0.2069        0.8329
```

```
          f1            f2            f3
 1.    2.123969      .6276049      .118258
 2.    1.501728     -.3636952     -.2099833
 3.    -.647891     -.4278679     -.2158964
 4.    -.583553     2.448579      -.8192459
 5.    -.0655074    -.7521861     -.6020159
 6.    -.6286716    .1607579      1.781191
 7.    -.366237     -1.184225     -1.111536
 8.    -.3595909    -.397822      -.6593534
 9.    -.0774033    -.3170807     1.737374
10.    -.8968425    .2059347      -.0187931
```

图3-7 旋转后的方差解释表和主因子得分情况

（3）综合得分（见表3-14）。

可以构建出公因子综合得分的计算公式：

$F = 0.3182F1 + 0.3078F2 + 0.2069F3$

将图3-7各因子得分数据代入，则可以得到各省份蔬菜产业出口竞争力水平综合得分。

表 3-14 2005 年各省份蔬菜产业出口竞争力水平综合得分及排序

省份	综合得分
山东	0.6806
福建	0.4827
浙江	0.0080
云南	-0.0327
河南	-0.0597
辽宁	-0.0977
湖北	-0.1818
江苏	-0.2003
广西	-0.2856
云南	-0.3134

3.4.3 根据 2006 年数据的因子分析

(1) 数据列表。

表 3-15 2006 年各省份蔬菜出口竞争力指标数值

指标 省份	国际市场 占有率 X1	显性比较 优势指数 X2	贸易专业 化指数 X3	出口优势 变差指数 X4	出口产品质 量升级指数 X5	出口 依存度 X6	出口 贡献率 X7	进口 份额 X8
山东	3.1270	6.9380	0.9723	8.7343	1.4967	0.6348	2.8491	0.0641
福建	0.8738	2.7534	0.9177	-1.0893	1.0439	0.5096	1.1307	0.0935
江苏	0.5603	0.4542	0.9892	18.2384	1.1891	0.1133	0.1865	0.0013
云南	0.2428	9.3140	0.9979	-28.3415	0.7445	0.2666	3.8248	0.0048
浙江	0.4836	0.6231	0.9539	-14.2162	1.1582	0.1377	0.2559	0.0159
湖北	0.0833	1.7303	0.9994	-84.9400	1.8848	0.0457	0.7106	0.0002
广东	0.4311	0.1856	0.7970	-19.9499	1.3632	0.0789	0.0762	0.0115
辽宁	0.3101	1.4237	0.9461	0.1495	1.0209	0.1498	0.5846	0.0228
河南	0.1385	2.6884	1.0000	-15.4637	2.0097	0.0490	1.1040	0.0000
广西	0.0768	2.7825	0.9996	-9.4079	1.2626	0.0708	1.1426	0.0003

（2）因子分析结果（仅显示旋转后的方差解释表和主因子得分情况，见图 3-8）。

Factor	Variance	Difference	Proportion	Cumulative
Factor1	2.81774	0.40400	0.3522	0.3522
Factor2	2.41374	1.00240	0.3017	0.6539
Factor3	1.41134	.	0.1764	0.8304

	f1	f2	f3
1.	2.208996	.965344	.6638219
2.	1.371731	-.4166428	-.6331747
3.	-.3603787	-.5460027	-.5873041
4.	-.7720214	2.15237	-1.125313
5.	-.2497936	-.5852427	-.2962351
6.	-.7747829	.1322185	2.004964
7.	.03098	-1.526801	-.2151438
8.	-.2334476	-.4679388	-.8374447
9.	-.454288	.0729014	1.276386
10.	-.7669948	.2197933	-.2505557

图 3-8　旋转后的方差解释表和主因子得分情况

（3）综合得分（见表 3-16）。

可以构建出公因子综合得分的计算公式：

$F = 0.3522F1 + 0.3017F2 + 0.1764F3$

将图 3-8 各因子得分数据代入，则可以得到各省份蔬菜产业出口竞争力水平综合得分。

表 3-16　2006 年各省份蔬菜产业出口竞争力水平综合得分及排序

省份	综合得分
山东	1.1864
福建	0.2457
云南	0.1790
湖北	0.1207
河南	0.0871
广西	-0.2480
浙江	-0.3168

续表

省份	综合得分
辽宁	-0.3711
江苏	-0.3953
广东	-0.4877

3.4.4　根据2007年数据的因子分析

（1）数据列表。

表3-17　2007年各省份蔬菜出口竞争力指标数值

指标 省份	国际市场占有率 X1	显性比较优势指数 X2	贸易专业化指数 X3	出口优势变差指数 X4	出口产品质量升级指数 X5	出口依存度 X6	出口贡献率 X7	进口份额 X8
山东	3.8410	5.5172	0.9403	-41.0150	1.2891	0.3924	1.6086	0.0526
福建	1.2372	3.0722	0.8492	-7.8163	1.2949	0.3562	0.8958	0.1327
江苏	0.7221	0.4091	0.9715	-25.7158	1.0882	0.0728	0.1193	0.0023
云南	0.4833	14.9626	0.9653	48.8350	0.8250	0.2661	4.3625	0.0713
浙江	0.7279	0.6093	0.9674	-20.7590	1.1457	0.1062	0.1776	0.0064
湖北	0.1652	2.0052	0.9994	34.1420	2.1617	0.0434	0.5846	0.0002
广东	0.6290	0.2125	0.8507	-12.8734	1.2782	0.0569	0.0620	0.0067
辽宁	0.4560	1.5023	0.9609	-15.7042	1.1454	0.1048	0.4380	0.0092
河南	0.1531	1.7126	0.9999	-18.6467	2.9710	0.0262	0.4993	0.0001
广西	0.2254	4.5764	1.0000	32.4131	1.4073	0.0989	1.3343	0.0000

（2）因子分析结果（仅显示旋转后的方差解释表和主因子得分情况，见图3-9）。

（3）综合得分（见表3-18）。

可以构建出公因子综合得分的计算公式：

$F = 0.3544F1 + 0.2848F2 + 0.2180F3$

Factor	Variance	Difference	Proportion	Cumulative
Factor1	2.83480	0.55640	0.3544	0.3544
Factor2	2.27841	0.53445	0.2848	0.6392
Factor3	1.74395	.	0.2180	0.8571

	f1	f2	f3
1.	1.813651	1.097483	.38278
2.	-.2724912	2.258208	-.1509433
3.	-.4612882	-.5627037	-.3060936
4.	1.776149	-.9117008	-.5804857
5.	-.5572903	-.2420169	-.4216762
6.	-.5250635	-.3038672	1.851802
7.	-1.192279	.3537123	-.9340926
8.	-.4371755	-.1619187	-.6243667
9.	-.2447517	-.5638578	1.661202
10.	.1005391	-.963338	-.8781254

图3-9 旋转后的方差解释表和主因子得分情况

将图3-9各因子得分数据代入，则可以得到各省份蔬菜产业出口竞争力水平综合得分。

表3-18 2007年各省份蔬菜产业出口竞争力水平综合得分及排序

省份	综合得分
山东	1.0388
福建	0.5137
云南	0.2433
湖北	0.1311
河南	0.1148
辽宁	-0.3372
浙江	-0.3584
江苏	-0.3905
广西	-0.4302
广东	-0.5254

3.4.5 根据2008年数据的因子分析

（1）数据列表。

表3-19 2008年各省份蔬菜出口竞争力指标数值

指标 省份	国际市场 占有率 X1	显性比较 优势指数 X2	贸易专业 化指数 X3	出口优势 变差指数 X4	出口产品质 量升级指数 X5	出口依 存度 X6	出口 贡献率 X7	进口 份额 X8
山东	3.8410	5.5172	0.9403	-41.0150	1.2891	0.3924	1.6086	0.0526
福建	1.2372	3.0722	0.8492	-7.8163	1.2949	0.3562	0.8958	0.1327
江苏	0.7221	0.4091	0.9715	-25.7158	1.0882	0.0728	0.1193	0.0023
云南	0.4833	14.9626	0.9653	48.8350	0.8250	0.2661	4.3625	0.0713
浙江	0.7279	0.6093	0.9674	-20.7590	1.1457	0.1062	0.1776	0.0064
湖北	0.1652	2.0052	0.9994	34.1420	2.1617	0.0434	0.5846	0.0002
广东	0.6290	0.2125	0.8507	-12.8734	1.2782	0.0569	0.0620	0.0067
辽宁	0.4560	1.5023	0.9609	-15.7042	1.1454	0.1048	0.4380	0.0092
河南	0.1531	1.7126	0.9999	-18.6467	2.9710	0.0262	0.4993	0.0001
广西	0.2254	4.5764	1.0000	32.4131	1.4073	0.0989	1.3343	0.0000

（2）因子分析结果（仅显示旋转后的方差解释表和主因子得分情况，见图3-10）。

```
      Factor      Variance    Difference    Proportion    Cumulative
     Factor1       3.12522       0.30088       0.3907        0.3907
     Factor2       2.82434          .          0.3530        0.7437
```

```
            f1           f2
   1.    1.714544    -.2472013
   2.    1.598427    -.1122748
   3.    -.2269813   -.6849494
   4.     .2544061   2.539376
   5.    -.1585456   -.5954195
   6.   -1.179786    .2039765
   7.     .1415415   -.8815197
   8.    -.2086936   -.3928353
   9.   -1.10267     -.4918888
  10.    -.8322415    .6627367
```

图3-10 旋转后的方差解释表和主因子得分情况

（3）综合得分（见表3-20）。

可以构建出公因子综合得分的计算公式：

3 山东蔬菜产业出口竞争力的评价

$F = 0.3907F1 + 0.3503F2$

将图 3 - 10 各因子得分数据代入，则可以得到各省份蔬菜产业出口竞争力水平综合得分。

表 3 - 20　2008 年各省份蔬菜产业出口竞争力水平综合得分及排序

省份	综合得分
云南	0.9889
福建	0.5852
山东	0.5833
广西	-0.0930
辽宁	-0.2191
广东	-0.2535
浙江	-0.2705
江苏	-0.3286
湖北	-0.3895
河南	-0.6031

3.4.6　根据 2009 年数据的因子分析

（1）数据列表。

表 3 - 21　2009 年各省份蔬菜出口竞争力指标数值

指标 省份	国际市场占有率 X1	显性比较优势指数 X2	贸易专业化指数 X3	出口优势变差指数 X4	出口产品质量升级指数 X5	出口依存度 X6	出口贡献率 X7	进口份额 X8
山东	4.6221	5.8650	0.9470	41.9267	1.5425	0.4184	2.3974	0.0669
福建	1.2487	2.5631	0.8620	15.5022	1.2237	0.3127	1.0477	0.1317
江苏	0.8290	0.4194	0.9897	37.0026	1.2824	0.0720	0.1714	0.0012
云南	0.5885	16.7800	0.9710	46.9349	0.9344	0.2883	6.8591	0.0990
浙江	0.6939	0.4930	0.9818	11.9594	1.3341	0.0907	0.2015	0.0043
湖北	0.4805	5.3465	0.9998	225.6515	5.4556	0.1081	2.1855	0.0002
广东	0.6638	0.1922	0.8742	23.6150	1.5012	0.0534	0.0786	0.0071
辽宁	0.3873	1.2411	0.9517	12.2875	1.1388	0.0777	0.5073	0.0111
河南	0.2667	3.1913	0.9755	113.8831	4.1647	0.0413	1.3045	0.0227
广西	0.2151	4.5498	0.9997	28.5494	1.5113	0.0826	1.8598	0.0002

(2) 因子分析结果（仅显示旋转后的方差解释表和主因子得分情况，见图 3-11）。

Factor	Variance	Difference	Proportion	Cumulative
Factor1	2.44244	0.07291	0.3053	0.3053
Factor2	2.36954	0.21106	0.2962	0.6015
Factor3	2.15847	.	0.2698	0.8713

	f1	f2	f3
1.	.0330257	2.102659	.2757319
2.	-.3649786	1.482399	-.7080371
3.	-.5226374	-.6324189	-.2917995
4.	2.613801	-.0852082	-.6185473
5.	-.5137478	-.6084346	-.4867112
6.	.1545997	-.1817555	2.39288
7.	-1.06488	-.0444319	-.5549923
8.	-.4556107	-.5885565	-.6649087
9.	-.1887342	-.4224814	1.044644
10.	.3091623	-1.02177	-.3882595

图 3-11　旋转后的方差解释表和主因子得分情况

(3) 综合得分（见表 3-22）。

可以构建出公因子综合得分的计算公式：

$F = 0.3053F1 + 0.2962F2 + 0.2698F3$

将图 3-11 各因子得分数据代入，则可以得到各省份蔬菜产业出口竞争力水平综合得分。

表 3-22　2009 年各省份蔬菜产业出口竞争力水平综合得分及排序

省份	综合得分
山东	0.7073
湖北	0.6390
云南	0.6059
福建	0.1366
河南	0.0991
广西	-0.3130
江苏	-0.4256
浙江	-0.4684
广东	-0.4880
辽宁	-0.4928

3 山东蔬菜产业出口竞争力的评价

3.4.7 根据2010年数据的因子分析

(1) 数据列表。

表3-23 2010年各省份蔬菜出口竞争力指标数值

指标 省份	国际市场 占有率 X1	显性比较 优势指数 X2	贸易专业 化指数 X3	出口优势 变差指数 X4	出口产品质 量升级指数 X5	出口依 存度 X6	出口 贡献率 X7	进口 份额 X8
山东	7.5985	6.2030	0.9560	40.6938	2.5470	0.6116	3.1288	0.0676
福建	1.5736	2.1270	0.8319	3.1271	1.6318	0.3570	1.0728	0.1493
江苏	1.3578	0.4344	0.9929	37.7230	2.0677	0.1021	0.2191	0.0010
云南	0.9208	16.2321	0.9636	26.8810	1.4397	0.4028	8.1875	0.1484
浙江	0.8271	0.3706	0.9192	-9.8346	1.4842	0.0965	0.1870	0.0183
湖北	1.1625	7.5250	0.9995	108.6787	9.2392	0.2229	3.7956	0.0011
广东	0.7194	0.1387	0.8502	-14.1442	1.7281	0.0524	0.0699	0.0072
辽宁	0.4371	0.9164	0.9599	-11.6535	1.2781	0.0750	0.4622	0.0078
河南	0.6107	4.5092	0.9777	103.3906	9.0107	0.0830	2.2745	0.0400
广西	0.3647	5.0337	0.9992	48.0414	2.9491	0.1183	2.5390	0.0005

(2) 因子分析结果(仅显示旋转后的方差解释表和主因子得分情况,见图3-12)。

```
     Factor      Variance    Difference    Proportion    Cumulative
    Factor1       2.68708      0.08143        0.3359        0.3359
    Factor2       2.60565      0.81928        0.3257        0.6616
    Factor3       1.78637         .           0.2233        0.8849
```

```
              f1            f2            f3
     1.   -.0717739     .1860352     2.723383
     2.    .2743353   -1.447654      .3704611
     3.   -.8388925    .2709521    -.1071527
     4.   2.572627    -.4906498    -.3906411
     5.   -.7009487   -.6479797    -.3675365

     6.    .2398625   1.713639    -.1061939
     7.   -.8071848   -.9718655   -.4946609
     8.   -.6294639   -.4465045   -.5661803
     9.   -.0139077   1.349092    -.4720862
    10.   -.0246537    .4849345   -.5893928
```

图3-12 旋转后的方差解释表和主因子得分情况

(3) 综合得分（见表3-24）。

可以构建出公因子综合得分的计算公式：

F = 0.3359F1 + 0.3257F2 + 0.2233F3

将图3-12各因子得分数据代入，则可以得到各省份蔬菜产业出口竞争力水平综合得分。

表3-24 2010年各省份蔬菜产业出口竞争力水平综合得分及排序

省份	综合得分
山东	0.6446
云南	0.6171
湖北	0.6150
河南	0.3293
广西	0.0181
江苏	-0.2175
福建	-0.2966
辽宁	-0.4833
浙江	-0.5286
广东	-0.6981

3.4.8 根据2011年数据的因子分析

(1) 数据列表。

表3-25 2011年各省份蔬菜出口竞争力指标数值

指标 省份	国际市场占有率 X1	显性比较优势指数 X2	贸易专业化指数 X3	出口优势变差指数 X4	出口产品质量升级指数 X5	出口依存度 X6	出口贡献率 X7	进口份额 X8
山东	7.7295	6.0188	0.9520	-6.3239	2.2253	0.5676	2.9553	0.0609
福建	1.9119	2.0170	0.8377	-10.7110	1.8728	0.3778	0.9904	0.1508
江苏	1.2417	0.3890	0.9888	-14.2375	1.8780	0.0828	0.1910	0.0013
云南	1.2447	12.8694	0.9594	-42.3219	1.4686	0.4651	6.3191	0.2050

续表

指标\省份	国际市场占有率 X1	显性比较优势指数 X2	贸易专业化指数 X3	出口优势变差指数 X4	出口产品质量升级指数 X5	出口依存度 X6	出口贡献率 X7	进口份额 X8
浙江	0.9467	0.4286	0.8824	13.5275	1.6214	0.1013	0.2104	0.0253
湖北	1.5805	7.9244	0.9996	3.5297	7.8723	0.2552	3.8910	0.0012
广东	0.7637	0.1406	0.8368	-1.4571	1.8016	0.0509	0.0690	0.0074
辽宁	0.5361	1.0287	0.9496	11.0216	1.3637	0.0806	0.5051	0.0108
河南	0.8523	4.3388	0.9925	-9.9930	10.9324	0.1034	2.1304	0.0111
广西	0.4997	3.9283	0.9990	-45.8902	3.7311	0.1389	1.9289	0.0005

（2）因子分析结果（仅显示旋转后的方差解释表和主因子得分情况，见图3-13）。

```
Factor      Variance    Difference    Proportion    Cumulative
Factor1     3.26241     1.37738       0.4078        0.4078
Factor2     1.88503     0.15832       0.2356        0.6434
Factor3     1.72671     .             0.2158        0.8593
```

```
           f1           f2           f3
 1.    -.0129491    .0901394     2.579306
 2.     .1328598   -1.542581     .2297277
 3.    -.509318     .1460593    -.5390008
 4.    2.461805    -.6134453    -.23949
 5.    -.9628296   -.6335596    -.1223625

 6.     .1349155   1.480489     .4174158
 7.    -.8718153   -.8928847    -.5206878
 8.    -.8046679   -.1350318    -.3195729
 9.    -.1127753   1.597781     -.3678549
10.     .5447754    .5030335    -1.11748
```

图3-13 旋转后的方差解释表和主因子得分情况

（3）综合得分（见表3-26）。

可以构建出公因子综合得分的计算公式：

F = 0.4078F1 + 0.2356F2 + 0.2158F3

将图 3-13 各因子得分数据代入，则可以得到各省份蔬菜产业出口竞争力水平综合得分。

表 3-26 2011 年各省份蔬菜产业出口竞争力水平综合得分及排序

省份	综合得分
云南	0.8077
山东	0.5726
湖北	0.4939
河南	0.2511
广西	0.0995
福建	-0.2597
江苏	-0.2896
辽宁	-0.4289
浙江	-0.5683
广东	-0.6783

3.4.9　根据 2012 年数据的因子分析

（1）数据列表。

表 3-27 2012 年各省份蔬菜出口竞争力指标数值

指标 省份	国际市场占有率 X1	显性比较优势指数 X2	贸易专业化指数 X3	出口优势变差指数 X4	出口产品质量升级指数 X5	出口依存度 X6	出口贡献率 X7	进口份额 X8
山东	5.5834	5.7631	0.9377	-31.5933	1.9265	0.3790	2.0915	0.0569
福建	1.5472	2.4441	0.8132	-9.9919	1.8632	0.2849	0.8870	0.1416
江苏	1.1635	0.4885	0.9887	-7.6869	1.7755	0.0712	0.1773	0.0013
云南	1.0393	26.9098	0.9542	31.2079	0.8967	0.3394	9.7658	0.1853
浙江	0.7988	0.4581	0.8693	-23.7563	1.7461	0.0811	0.1662	0.0275
湖北	0.7144	5.3467	0.9991	-48.1180	5.0578	0.1038	1.9404	0.0012

续表

指标 省份	国际市场 占有率 X1	显性比较 优势指数 X2	贸易专业 化指数 X3	出口优势 变差指数 X4	出口产品质 量升级指数 X5	出口依 存度 X6	出口 贡献率 X7	进口 份额 X8
广东	0.6185	0.1364	0.8123	-33.8585	1.5731	0.0393	0.0495	0.0068
辽宁	0.5108	1.3651	0.9500	-1.9736	1.2596	0.0694	0.4954	0.0102
河南	0.4666	2.0501	0.9870	-108.0345	6.7855	0.0522	0.7440	0.0069
广西	0.4349	6.6271	0.9989	18.2487	2.8694	0.1098	2.4050	0.0004

（2）因子分析结果（仅显示旋转后的方差解释表和主因子得分情况，见图 3-14）。

```
Factor       Variance    Difference    Proportion    Cumulative
Factor1      3.07591     0.99845       0.3845        0.3845
Factor2      2.07746     0.25662       0.2597        0.6442
Factor3      1.82084     .             0.2276        0.8718
```

```
          f1            f2            f3
 1.    -.1717911     .3421817      2.443674
 2.    -.3600256    -1.076172      .9084842
 3.    -.3097512    -.0804198     -.5548885
 4.    2.592512     -.5450798      .0838729
 5.    -.704582     -.648497      -.2892201
 6.    .1544096     1.258428      -.3622971
 7.    -1.035728    -.9044427     -.375596
 8.    -.2910587    -.5184854     -.7865223
 9.    -.3481728    2.078791      -.1191477
10.    .474188      .0936958      -.9483593
```

图 3-14 旋转后的方差解释表和主因子得分情况

（3）综合得分（见表 3-28）。

可以构建出公因子综合得分的计算公式：

F = 0.3845F1 + 0.2597F2 + 0.2276F3

将图 3-14 各因子得分数据代入，则可以得到各省份蔬菜产业出口竞争力水平综合得分。

表 3-28 2012 年各省份蔬菜产业出口竞争力水平综合得分及排序

省份	综合得分
云南	0.8744
山东	0.5790
河南	0.3789
湖北	0.3037
广西	-0.0092
福建	-0.2111
江苏	-0.2663
辽宁	-0.4256
浙江	-0.5052
广东	-0.7186

3.4.10 基本结论

2004~2012 年连续 9 年间,只有 2008 年、2011 年和 2012 年山东蔬菜产业的出口竞争力水平综合得分不是排名第一,其他 6 年都是第一位。从整体来看,山东蔬菜产业的出口竞争力具有绝对优势。2004 年综合得分排名前 3 位的依次是山东、湖北和云南;2005 年综合得分排名前 3 位的依次是山东、福建和浙江;2006 年综合得分排名前 3 位的依次是山东、福建和云南;2007 年综合得分排名前 3 位的依次是山东、福建和云南;2008 年综合得分排名前 3 位的依次是云南、福建和山东;2009 年综合得分排名前 3 位的依次是山东、湖北和云南;2010 年综合得分排名前 3 位的依次是山东、云南和湖北;2011 年综合得分排名前 3 位的依次是云南、山东和湖北;2012 年综合得分排名前 3 位的依次是云南、山东和河南。

基于此,选取山东、湖北和云南 2004~2012 年综合得分绘制综合得分时间序列趋势图(见图 3-15),可以发现,山东蔬菜产业出口竞争力 2004~2011 年有下降趋势,2011 年以后逐渐恢复平稳,但上升势头不明显;而云南蔬菜出口竞争力整体呈现上升趋势,上升势头非常显著,综合得分在 2008 年、2011 年和 2012 年超过山东;湖北 2004~2009 年蔬菜产业出口竞争力上升势头明显,但此后下降势头明显,出口竞争力水平一直不及山东和云南。由此可见,山东蔬菜产业出口竞争力的绝对优势地位已经被打破,未来出口竞争力基本维持现有水平,来自云南、湖北、河南等中西部蔬菜出口省区的竞争压力日益增加,山东蔬菜产业出口竞争力"龙头"地位存在被取代的危险。

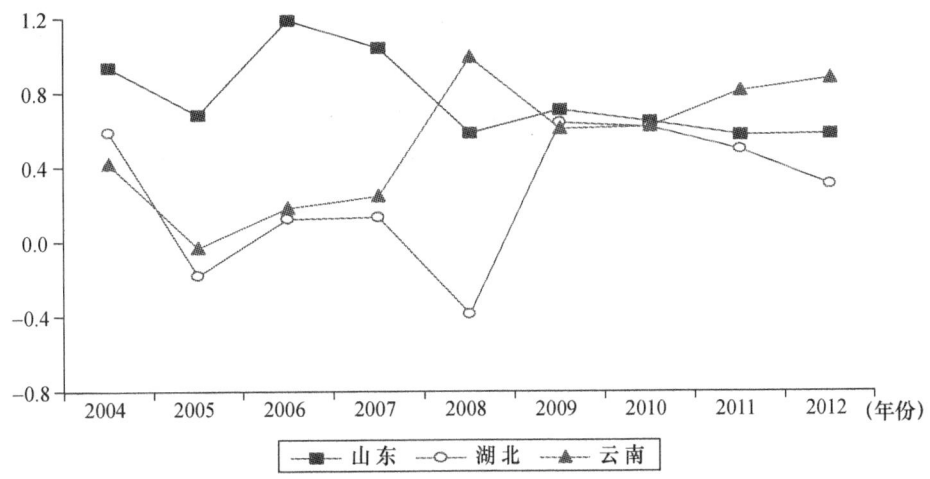

图3-15 各省蔬菜产业出口竞争力时间序列趋势

3.5 小　结

(1) 出口竞争力的概念。

出口竞争力是国际竞争力的最终结果,后者的概念范畴显然大于前者。出口竞争力是指一国或地区在可贸易的产品或相关产业上所具有的在对本国开放的外国市场上的市场开拓与占有能力以及获利能力,即市场的有效性。出口竞争力基本不反映产业的生产能力、创新发展能力。

(2) 样本及评价的指标体系。

选取近年来在全国蔬菜出口额排名前10位的省份,包括山东、福建、江苏、云南、浙江、湖北、广东、辽宁、河南、广西作为评价样本;选取反映国际市场有效性的8个指标进行评价,这些指标是国际市场占有率、显性比较优势指数、贸易专业化指数、出口优势变差指数、出口产品质量升级指数、出口依存度、出口贡献率、进口份额等。

(3) 省际间的综合比较分析。

采用因子得分分析方法，按照 2004~2012 年各主要蔬菜出口省份指标值的均值进行了省际间蔬菜出口竞争力的综合比较分析。从单个因子得分来看，发现山东蔬菜产业在显性比较优势指数和出口贡献率等指标中的表现突出；在贸易专业化指数、出口优势变差指数、出口产品质量升级指数等指标中的表现较好；在国际市场占有率、出口依存度和进口份额等指标中的表现占有绝对的优势。从综合得分情况来看，山东的得分位居第一，但排名第二的湖北综合得分已经和第一名的综合得分非常接近，说明山东蔬菜产业出口竞争力面对的竞争压力非常巨大。

(4) 省际间的年度 (2004~2012 年) 比较分析。

根据因子得分分析方法的结果，2004~2012 年连续 9 年间，只有 2008 年、2011 年和 2012 年山东蔬菜产业的出口竞争力水平综合得分不是排名第一，其他 6 年都是第一，整体来看，山东蔬菜产业的出口竞争力具有绝对优势。从综合得分时间序列趋势图可以发现，山东蔬菜产业出口竞争力的绝对优势地位已经被打破，未来出口竞争力基本维持现有水平，来自云南、湖北、河南等中西部蔬菜出口省区的竞争压力日益增加，山东蔬菜产业出口竞争力"龙头"地位存在被取代的危险。

4 山东蔬菜产业综合竞争力评价及动态仿真分析

4.1 评价的指标体系

4.1.1 指标选取的原则

正如前文所述,产业竞争力的形成机制包括了外显层次的竞争力、要素层次的竞争力以及环境层次的竞争力。因此,对山东蔬菜产业竞争力综合评价的指标选取范围非常宽泛,影响因素众多。本部分试图在围绕山东蔬菜产业发展现状的基础上,在遵从指标及其数据的可获得性、代表性、可比较性、全面性等原则,考虑到选取的样本大小,在大量征询相关领域专家学者建议的情况下,构建了山东蔬菜产业竞争力综合评价的指标体系。

指标体系选取的原则:①数据可获得性。构建的评价指标,目的就是通过指标的计算数值,非常直观地呈现山东蔬菜产业竞争力的现实状况。所以,能否获得权威准确的数据至关重要。如果数据获得难度太大,或者数据获得途径非权威,则构建的指标计算的值将产生极大的误差,使得研究结论脱离实际情况,这将背离研究的目标。所以,数据可获得性及权威性是构建评价指标首要的原则。②代表性。由于评价指标的选取范围非常宽泛,涉及的领域较多,这为指标选取既提供了充足的选择空间,又增加了选取的工作量。如果选取的指标对竞争力评价影响的程度偏低,则该指标的数据搜索和计算工作将失去应有的意义,并且对评价本身可能产生负面效果。所以，在繁复芜杂的指标集合中挑选最具有代表性、最具有影响力的指标至关重要。③可比较性。竞争力本身含有比较的含义，所以选取的指标必须是进行比较分析的样本所共有的指标，不能具有单一性和独有性的特点。当然，选择样本共有的指标，还需充分考虑所有样本数据获得的同步性和延续性。④全面性。蔬菜产业竞争力涉及外显、投入以及环境等宽领域、多层次的范畴，要进行综合竞争力水平的评价就必须选取全面性的指标，否则只是进行的局部竞争力水平的评价。所以，力求从不同层次和角度对蔬菜产业竞争力全面综合评价是本部分的重要目标，而全面性指标的选取是最基本的实现途径。

4.1.2 样本的选取和评价的指标体系

选取了近年来在蔬菜产量上排名前 10 位的省份作为比较对象，分别是山东、河北、河南、江苏、四川、湖北、湖南、广东、辽宁和广西。考虑到我们对全国 10 个省份的蔬菜产业进行对比和进行综合竞争力评价，所以，指标选取的个数不突破 10 个，最终选定了以下 9 个指标：X1——蔬菜总产值；X2——耕地面积占全国的比重；X3——农村用电量；X4——化肥施用量；X5——蔬菜播种面积；X6——蔬菜总产量；X7——蔬菜生产价格指数；X8——农村居民人均出售蔬菜数量；X9——蔬菜出口数量。上述 9 个指标中，X1、X8 和 X9 反映外显层次的竞争力；X2 反映环境层次的竞争力；X3、X4、X5、X6、X7 反映投入层次的竞争力。

由于统计数据的可获得性限制，本部分选取的时间跨度为 2001～2012 年，某些指标的年度数据存在缺失。指标数据的来源主要是：相关年份的《中国农村统计年鉴》、《河北农村统计年鉴》、《中国农业年鉴》、《中国区域经济统计年鉴》、《甘肃农村年鉴》、《中国农产品价格调查年鉴》等。原始数据参见附表，其中，X7 指标 2001 年数据缺失；X8 可获得的数据是 2012 年各省份相关数据；X9 指标 2001 年、2003 年数据缺失。

以下主要分两个方面进行实证分析：首先，运用因子分析法对山东蔬菜产业竞争力水平进行综合评价；其次，运用因子分析法对山东蔬菜产业竞争力发展趋势进行动态仿真评价。这两个方面的分析既是整体性分析，相互关联；也是多层次分析，相对独立。实证分析将借助 Stata、EViews 等统计分析软件。

4.2 山东蔬菜产业综合竞争力当前水平评价（2012年）

采用因子分析方法，选取 2012 年山东、河北、河南、江苏、四川、湖北、湖南、广东、辽宁和广西 10 个蔬菜生产大省的上述 9 个指标值，通过省际间蔬菜产业综合竞争力水平的比较分析，来观察山东蔬菜产业的综合竞争力当前水平情况。

（1）分析所用数据列表。

10 个省份 9 个指标的原始数据如表 4-1 所示：

表 4-1 2012 年各省份指标数值

省份 指标	山东	河北	河南	江苏	四川	湖北	湖南	广东	辽宁	广西
X1	1295.30	1333.90	1185.70	1265.40	911.00	846.10	1044.30	883.20	521.50	421.20
X2	6.17	5.19	6.51	3.91	4.89	3.83	3.11	2.33	3.36	3.47
X3	465.8	593.9	290.0	1696.4	156.0	112.3	110.2	1187.5	373.4	63.3
X4	476.3	329.3	684.4	331.0	253.0	354.9	249.1	245.4	146.9	249.0
X5	1806.0	1203.0	1730.3	1323.4	1253.9	1138.7	1239.2	1229.2	487.1	1075.4
X6	9386.0	7695.1	7011.7	4984.6	3764.7	3506.4	3480.9	2982.7	2977.6	2356.7
X7	112.5	106.6	106.9	107.7	108.0	110.6	106.5	111.5	129.0	116.0
X8	494.38	237.62	146.68	88.09	131.45	143.53	55.77	155.40	347.86	149.15
X9	3150184	91314	100528	566089	16979	63219	5224	813350	188355	346439

（2）分析过程。

1）利用 Stata10.0 软件，检验数据是否适合因子分析，KMO 检验结果如图 4-1 所示。KMO 值为 0.5778，根据 Kaiser 的 KMO 度量标准可知原始变量适合进行因子分析。

```
Kaiser-Meyer-Olkin measure of sampling adequacy

    Variable  |   kmo
    ----------+--------
         x1   |  0.7801
         x2   |  0.7050
         x3   |  0.2723
         x4   |  0.5635
         x5   |  0.5399
         x6   |  0.7190
         x7   |  0.4890
         x8   |  0.5064
         x9   |  0.3996
    ----------+--------
      Overall |  0.5778
```

图 4-1　KMO 检验结果

2) 通过主因子分析（Factor），得到主成分因子结果（见图 4-2）。

```
Factor analysis/correlation                  Number of obs    =    10
    Method: principal-component factors      Retained factors =     3
    Rotation: (unrotated)                    Number of params =    24

    Factor  | Eigenvalue   Difference    Proportion   Cumulative
    --------+-----------------------------------------------------
    Factor1 |  4.60915      2.53109        0.5121       0.5121
    Factor2 |  2.07806      0.78711        0.2309       0.7430
    Factor3 |  1.29095      0.78095        0.1434       0.8865
    Factor4 |  0.51000      0.12753        0.0567       0.9431
    Factor5 |  0.38247      0.29505        0.0425       0.9856
    Factor6 |  0.08742      0.06247        0.0097       0.9953
    Factor7 |  0.02495      0.01378        0.0028       0.9981
    Factor8 |  0.01117      0.00535        0.0012       0.9994
    Factor9 |  0.00582         .           0.0006       1.0000

    LR test: independent vs. saturated:  chi2(36) =   91.81 Prob>chi2 = 0.0000

Factor loadings (pattern matrix) and unique variances

    Variable |  Factor1    Factor2    Factor3  | Uniqueness
    ---------+-------------------------------- +-----------
         x1  |  0.8475    -0.2835     0.2870   |  0.1190
         x2  |  0.8478     0.1429    -0.3924   |  0.1068
         x3  |  0.1337    -0.1873     0.9191   |  0.1024
         x4  |  0.8396    -0.1328    -0.2990   |  0.1881
         x5  |  0.9049    -0.2076    -0.0299   |  0.1372
         x6  |  0.9345     0.2254     0.0284   |  0.0750
         x7  | -0.5637     0.7688    -0.0087   |  0.0911
         x8  |  0.3398     0.9263     0.0585   |  0.0231
         x9  |  0.5691     0.6177     0.3395   |  0.1792
```

图 4-2　X1~X9 主因子法因子分析结果

根据分析结果，只有前3个主成分具有大于1的特征值，这3个主成分解释了9个变量组合方差的88.65%，提取前3个因子。

3）碎石图（见图4-3）。

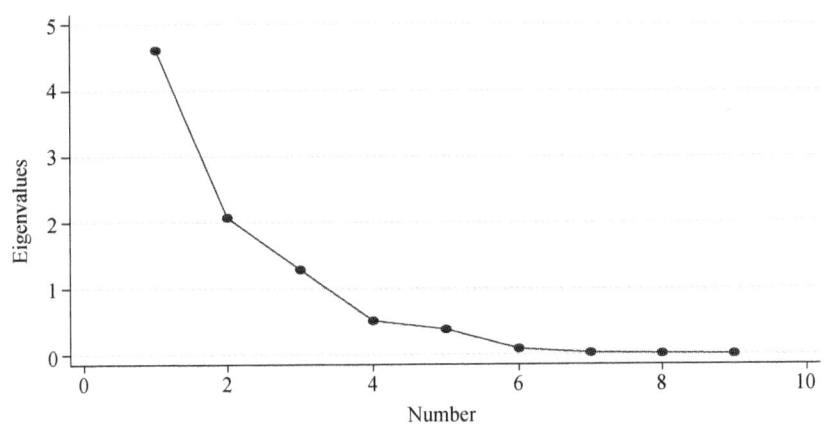

图4-3　因子分析碎石图

根据碎石图，特征值等于1处的水平线标示了保留主成分的常用分界点，同时再次强调了本例中的主成分4到主成分9并不重要，保留前3个因子。

4）因子旋转（见图4-4）。为了使因子结构得到进一步简化，在提取因子之后进行旋转。

根据分析结果，提取的因子F1（Factor1）的方差贡献率为4.34384，对解释原有变量的贡献最大；F1在变量X1、X2、X4、X5和X6中的因子载荷系数最大；F2在变量X7、X8和X9中的因子载荷系数最大；F3在变量X3中的因子载荷系数最大。

5）因子载荷图（见图4-5）。

因子载荷图更加直观地反映了F1在变量X1、X2、X4、X5和X6中的因子载荷系数最大；F2在变量X7、X8和X9中的因子载荷系数最大。

6）主因子得分（见图4-6）。

图4-6中，显示了1（山东）、2（河北）、3（河南）、4（江苏）、5（四川）、6（湖北）、7（湖南）、8（广东）、9（辽宁）、10（广西）的因子F1、F2、F3得分情况。

```
Factor analysis/correlation                    Number of obs    =    10
    Method: principal-component factors        Retained factors =     3
    Rotation: orthogonal varimax (Kaiser off)  Number of params =    24
```

Factor	Variance	Difference	Proportion	Cumulative
Factor1	4.31540	2.02595	0.4795	0.4795
Factor2	2.28945	0.91614		0.7339
Factor3	1.37331	.	0.1526	0.8865

LR test: independent vs. saturated: chi2(36) = 91.81 Prob>chi2 = 0.0000

Rotated factor loadings (pattern matrix) and unique variances

Variable	Factor1	Factor2	Factor3	Uniqueness
x1	0.8284	0.0384	0.4397	0.1190
x2	0.8314	0.3264	-0.3090	0.1068
x3	0.0159	0.0166	0.9471	0.1024
x4	0.8828	0.0806	-0.1616	0.1881
x5	0.9177	0.0747	0.1231	0.1372
x6	0.8165	0.4997	0.0925	0.0750
x7	-0.7424	0.5490	-0.2372	0.0911
x8	0.0566	0.9820	-0.0966	0.0231
x9	0.3086	0.8084	0.2684	0.1792

Factor rotation matrix

	Factor1	Factor2	Factor3
Factor1	0.9453	0.3033	0.1200
Factor2	-0.2745	0.9385	-0.2096
Factor3	-0.1762	0.1651	0.9704

图 4-4　旋转后的方差解释表、因子载荷表和因子转移矩阵表

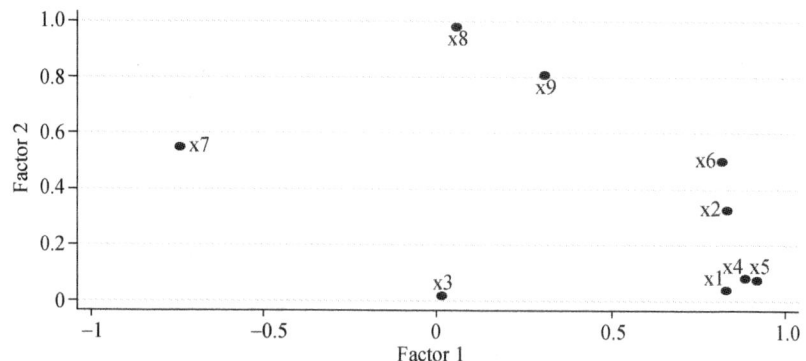

图 4-5　因子载荷图

	f1	f2	f3
1.	1.129247	2.317227	.1824361
2.	.6239296	-.0243341	.2209222
3.	1.630261	-.4577905	-.9781094
4.	.164458	-.4760804	2.012315
5.	.0689216	-.6085786	-.5969234
6.	-.141657	-.5188346	-.6541561
7.	-.0762301	-1.063277	-.1277692
8.	-.6868615	-.1684628	1.40726
9.	-1.841138	1.169026	-.565181
10.	-.8709301	-.1688942	-.9007937

图 4-6 主因子得分

7) 综合得分 (见表 4-2)。

根据图 4-4 旋转后的方差解释表，可以构建出公因子综合得分的计算公式：

$F = 0.4795F1 + 0.2544F2 + 0.1526F3$

将图 4-6 各因子得分数据代入，则可以得到各省份蔬菜产业竞争力水平综合得分。

表 4-2 2012 年各省份蔬菜产业竞争力水平综合得分及排序

省份	综合得分
山东	1.1588
河南	0.5160
河北	0.3267
江苏	0.2648
广东	-0.1575
四川	-0.2129
湖北	-0.2997
湖南	-0.3265
广西	-0.5980
辽宁	-0.6717

(3) 基本结论。

从单个因子来看，在因子 F1 中，山东的得分是 1.129247，仅次于河南的

1.630261，说明山东蔬菜产业在蔬菜总产值、耕地面积占全国的比重、化肥施用量、蔬菜播种面积和蔬菜总产量中的优势比较明显；在因子 F2 中山东的得分是 2.317227，位居第一，而辽宁的得分是 1.169026，仅次于山东，排名第二，说明山东蔬菜产业在蔬菜生产价格指数变量、农村居民人均出售蔬菜数量和蔬菜出口数量中占有绝对的优势；在因子 F3 中，山东的得分是 0.1824361，低于江苏的 2.012315，低于广东的 1.40726，低于河北的 0.2209222，说明山东蔬菜产业在农村用电量情况上不如江苏、广东和河北。从综合得分情况来看，山东的得分是 1.1588，位居第一，比排在第二位的河南 0.5160 的得分高 2 倍多，说明山东蔬菜产业在环境层次竞争力、投入层次竞争力以及显性层次竞争力的综合水平远远高于其他蔬菜生产省份，具有较强的竞争优势。

4.3 山东蔬菜产业综合竞争力动态仿真分析

考察山东蔬菜产业综合竞争力发展趋势的基本思路是：通过考察各省份 2001~2011 年的综合竞争力水平，通过趋势图的方式呈现各省份竞争力动态演化过程，进而对未来发展进行判断。在对各个省份的蔬菜产业竞争力水平综合得分计算中，同样使用因子分析方法，数据选取和来源与前文相同，缺失数据用相近年度数据代替，其他说明和前文相同，主要过程简略显示。

4.3.1 根据 2001 年数据的因子分析

（1）数据列表。

表 4-3　2001 年各省份指标数值

指标\省份	山东	河北	河南	江苏	四川	湖北	湖南	广东	辽宁	广西
X1	611.47	308.08	380.03	289.81	188.71	186.90	183.19	231.34	159.22	68.21
X2	5.91	5.29	6.24	3.89	7.05	3.81	3.04	2.52	3.21	3.39
X3	214.0	184.1	134.6	345.0	89.5	60.2	46.7	463.4	105.4	30.7
X4	428.6	273.4	441.7	338.0	212.0	245.3	184.3	195.1	109.8	168.1

续表

省份 指标	山东	河北	河南	江苏	四川	湖北	湖南	广东	辽宁	广西
X5	1850.0	925.7	1304.2	1180.2	933.1	1086.7	828.6	1123.8	412.9	931.3
X6	7556.4	4892.6	4310.9	3562.4	2351.8	2990.0	1983.4	2377.6	1861.2	1709.8
X7	85.0	75.3	91.7	98.3	104.5	110.7	97.5	85.5	100.0	97.2
X8	494.38	237.62	146.68	88.09	131.45	143.53	55.77	155.4	347.86	149.15
X9	1320307.7	36498.4	93265.2	170037.3	15411.5	5475.4	2063.1	757657.2	107461.6	101696.4

（2）因子分析结果（仅显示旋转后的方差解释表和主因子得分情况，见图 4-7）。

```
Factor      Variance    Difference    Proportion    Cumulative
Factor1     4.37882     2.05508       0.4865        0.4865
Factor2     2.32374     .             0.2582        0.7447
```

```
         f1          f2
1.    2.093787    1.092737
2.     .3376219    .2501522
3.    1.127977   -.7575111
4.    -.0515556    .3592651
5.     .1908574  -1.351766

6.    -.171233   -.8756402
7.    -.7598358  -.4120354
8.    -.9628744   2.030701
9.    -1.02133    .0517094
10.   -.7834144  -.3876123
```

图 4-7 旋转后的方差解释表和主因子得分情况

（3）综合得分（见表 4-4）。

可以构建出公因子综合得分的计算公式：

$F = 0.4865F1 + 0.2582F2$

将图 4-7 各因子得分数据代入，则可以得到各省份蔬菜产业竞争力水平综合得分。

表4-4 2001年各省份蔬菜产业竞争力水平综合得分

省份	综合得分	最终排名
山东	1.3007721	1
河北	0.228842	3
河南	0.353171	2
江苏	0.041585	5
四川	-0.25617	6
湖北	-0.3093952	7
湖南	-0.47605	8
广东	0.055889	4
辽宁	-0.48353	10
广西	-0.48121	9

4.3.2 根据2002年数据的因子分析

（1）数据列表。

表4-5 2002年各省份指标数值

省份 指标	山东	河北	河南	江苏	四川	湖北	湖南	广东	辽宁	广西
X1	678.43	313.65	392.59	326.23	210.54	216.38	202.9	247.86	159.22	72.29
X2	5.91	5.29	6.24	3.89	7.05	3.81	3.04	2.52	3.21	3.39
X3	238.3	201.7	141.4	423.6	93.0	60.7	49.8	586.4	119.2	31.2
X4	433.9	278.8	468.8	337.5	209.6	257.0	184.3	196.4	111.4	176.5
X5	1970.9	1028.9	1375.7	1290.8	987.1	1069.1	899.6	1128.0	481.0	967.9
X6	8335.4	5477.2	4690.8	3951.6	2565.7	3052.3	2186.2	2442.5	2124.9	1788.8
X7	85.0	75.3	91.7	98.3	104.5	110.7	97.5	85.5	100.0	97.2
X8	494.38	237.62	146.68	88.09	131.45	143.53	55.77	155.4	347.86	149.15
X9	1320307.7	36498.4	93265.2	170037.3	15411.5	5475.7	2063.1	757657.2	107461.6	101696.4

（2）因子分析结果（仅显示旋转后的方差解释表和主因子得分情况，见图4-8）。

4 山东蔬菜产业综合竞争力评价及动态仿真分析

Factor	Variance	Difference	Proportion	Cumulative
Factor1	4.56664	2.40339	0.5074	0.5074
Factor2	2.16325	.	0.2404	0.7478

	f1	f2
1.	2.171234	.9801736
2.	.3713679	.1821679
3.	1.064656	-.8423162
4.	-.0280394	.3941679
5.	.0880814	-1.328149
6.	-.2549481	-.8584278
7.	-.7587273	-.3590675
8.	-.8853537	2.094076
9.	-.9786965	.082884
10.	-.7895747	-.3455087

图 4-8 旋转后的方差解释表和主因子得分情况

(3) 综合得分 (见表 4-6)。

可以构建出公因子综合得分的计算公式:

F = 0.5074F1 + 0.2404F2

将图 4-8 各因子得分数据代入，则可以得到各省份蔬菜产业竞争力水平综合得分。

表 4-6 2002 年各省份蔬菜产业竞争力水平综合得分

省份	综合得分	最终排名
山东	1.3373179	1
河北	0.232225	3
河南	0.337714	2
江苏	0.043565	5
四川	-0.27459	6
湖北	-0.3357267	7
湖南	-0.4713	8
广东	0.054187	4
辽宁	-0.47667	9
广西	-0.48369	10

4.3.3 根据2003年数据的因子分析

(1) 数据列表。

表4-7 2003年各省份指标数值

指标\省份	山东	河北	河南	江苏	四川	湖北	湖南	广东	辽宁	广西
X1	670.8	386.8	387.2	361	230.4	252.1	235.1	340.1	186.3	90
X2	5.91	5.29	6.24	3.89	7.05	3.81	3.04	2.52	3.21	3.39
X3	272.2	216.8	144.6	529.5	99.9	63.1	53.8	714.3	136.0	31.2
X4	432.7	283.3	467.9	334.7	208.4	270.3	188.3	199.6	112.6	183.7
X5	2027.1	1068.5	1526.2	1341.7	1006.2	1086.9	964.3	1194.9	468.5	1006.8
X6	8729.3	5903.4	4510.4	3722.8	2639.6	3141.8	2295.9	2584.2	2148.2	1871.0
X7	112.22	103.99	101.89	108.23	99.91	109.83	113.88	103.65	111.98	116.91
X8	494.38	237.62	146.68	88.09	131.45	143.53	55.77	155.4	347.86	149.15
X9	1795867	49653	79884	258834	17835	6643	3491	859977	130716	113879

(2) 因子分析结果（仅显示旋转后的方差解释表和主因子得分情况，见图4-9）。

```
     Factor       Variance    Difference   Proportion   Cumulative
     Factor1      4.49038     2.52385      0.4989       0.4989
     Factor2      1.96653     0.54849      0.2185       0.7174
     Factor3      1.41804     .            0.1576       0.8750
```

```
              f1           f2           f3
   1.      2.681874     -.545759     -.254755
   2.       .1813142     .6259935    -.2878228
   3.       .2531196    1.647805     -.4160129
   4.      -.0771483     .3375454    1.204532
   5.      -.6684871    1.387758     -.6323774
   6.      -.352635    -.1075999    -.4703898
   7.      -.6849386   -.6587483    -.3143079
   8.      -.2317123   -.2243476    2.393877
   9.      -.5055785   -1.347583    -.4886112
  10.      -.5958081   -1.115065    -.7341317
```

图4-9 旋转后的方差解释表和主因子得分情况

(3) 综合得分（见表4-8）。

可以构建出公因子综合得分的计算公式：

F = 0.4989F1 + 0.2185F2 + 0.1576F3

将图4-9各因子得分数据代入，则可以得到各省份蔬菜产业竞争力水平综合得分。

表4-8 2003年各省份蔬菜产业竞争力水平综合得分

省份	综合得分	最终排名
山东	1.1785892	1
河北	0.1818900	5
河南	0.4207630	2
江苏	0.1990870	4
四川	-0.1299500	6
湖北	-0.2735736	7
湖南	-0.5351900	8
广东	0.2126540	3
辽宁	-0.6236900	9
广西	-0.6565900	10

4.3.4 根据2004年数据的因子分析

(1) 数据列表。

表4-9 2004年各省份指标数值

指标\省份	山东	河北	河南	江苏	四川	湖北	湖南	广东	辽宁	广西
X1	741.9	443.9	479.3	403.8	249.7	278.2	239.4	372.3	201.6	127.1
X2	5.91	5.29	6.24	3.89	7.05	3.81	3.04	2.52	3.21	3.39
X3	304.1	266.6	157.7	679.8	107.8	64.8	57.5	748.2	158.0	32.4
X4	451.0	289.9	493.2	336.8	214.7	281.9	203.2	201.3	117.9	195.2

续表

指标\省份	山东	河北	河南	江苏	四川	湖北	湖南	广东	辽宁	广西
X5	1970.1	1082.2	1591.1	1217.5	970.6	1021.1	962.6	1146.7	424.1	1026.1
X6	8883.7	6187.5	5237.5	3678.7	2623.9	2996.2	2305.3	2557.7	2034.6	1946.7
X7	105.63	105.64	109.90	104.30	109.77	106.20	101.36	105.55	107.45	137.60
X8	494.38	237.62	146.68	88.09	131.45	143.53	55.77	155.4	347.86	149.15
X9	1795867	49653	79884	258834	17835	6643	3491	859977	130716	113879

（2）因子分析结果（仅显示旋转后的方差解释表和主因子得分情况，见图4-10）。

```
Factor      Variance    Difference    Proportion    Cumulative
Factor1     3.60866     1.32010       0.4010        0.4010
Factor2     2.28856     0.64649       0.2543        0.6552
Factor3     1.64207         .         0.1825        0.8377
```

```
          f1            f2            f3
 1.    1.321679      2.318879      .0225907
 2.     .4954923    -.0780896     -.0330362
 3.    1.61879      -.8130562     -.3720135
 4.     .1809591    -.6228885     1.452618
 5.     .3162703    -.8494991     -.7837993
 6.    -.0905092    -.5520277     -.1877872
 7.    -.4376357    -.872087       .2503482
 8.    -.9151796    .4629853      1.717533
 9.   -1.487223     .6769298      -.3430849
10.   -1.002643     .3288545      -1.723369
```

图4-10　旋转后的方差解释表和主因子得分情况

（3）综合得分（见表4-10）。

可以构建出公因子综合得分的计算公式：

F = 0.4010F1 + 0.2543F2 + 0.1825F3

将图4-10各因子得分数据代入，则可以得到各省份蔬菜产业竞争力水平综合得分。

4 山东蔬菜产业综合竞争力评价及动态仿真分析

表4-10 2004年各省份蔬菜产业竞争力水平综合得分

省份	综合得分	最终排名
山东	1.1238070	1
河北	0.1728050	4
河南	0.3744820	3
江苏	0.4023360	2
四川	-0.2322500	6
湖北	-0.5375937	9
湖南	-0.3515800	7
广东	0.0642000	5
辽宁	-0.4868500	8
广西	-0.6329500	10

4.3.5 根据2005年数据的因子分析

(1) 数据列表。

表4-11 2005年各省份指标数值

省份 指标	山东	河北	河南	江苏	四川	湖北	湖南	广东	辽宁	广西
X1	818.3	520.3	591.7	454.2	275.2	305.7	289.4	488.5	206.3	168.2
X2	5.91	5.29	6.24	3.89	7.05	3.81	3.04	2.52	3.21	3.39
X3	346.54	337.05	172.15	825.10	112.92	70.09	65.24	766.43	183.00	34.31
X4	467.6	303.4	518.1	340.8	220.9	285.8	209.9	204.6	119.9	201.3
X5	1847.7	1104.8	1595.9	1194.4	991.5	1004.8	997.1	1162.7	413.7	1094.4
X6	8606.98	6467.61	5880.25	3604.69	2714.29	2916.91	2399.05	2596.02	1954.78	2130.59
X7	106.79	106.03	111.30	106.73	107.15	105.45	111.79	107.98	101.50	107.20
X8	494.38	237.62	146.68	88.09	131.45	143.53	55.77	155.4	347.86	149.15
X9	2008442	58607	116091	345399	18643	21540	3734	705411	116074	131634

(2) 因子分析结果（仅显示旋转后的方差解释表和主因子得分情况，见图4-11）。

```
          Factor     Variance    Difference    Proportion    Cumulative
          Factor1    4.64700     2.72659       0.5163        0.5163
          Factor2    1.92042     0.54457       0.2134        0.7297
          Factor3    1.37584        .          0.1529        0.8826
```

```
              f1           f2          f3
    1.     1.937427    1.602023     .1791025
    2.      .2978387    .3859517   -.3255048
    3.     1.333697   -1.11958     -.8456943
    4.      .0840515  -.5072393    1.466819
    5.    -.2611468   -.2085518   -1.292188
    6.    -.4980138    .0048173    -.4705126
    7.    -.441564   -1.328371    -.102738
    8.    -.2196516  -.273785     1.975341
    9.   -1.516369   1.683392     -.1906785
    10.   -.7162691  -.2386579    -.3939471
```

图4-11 旋转后的方差解释表和主因子得分情况

(3) 综合得分（见表4-12）。

可以构建出公因子综合得分的计算公式：

$$F = 0.5163F1 + 0.2134F2 + 0.1529F3$$

将图4-11各因子得分数据代入，则可以得到各省份蔬菜产业竞争力水平综合得分。

表4-12 2005年各省份蔬菜产业竞争力水平综合得分

省份	综合得分	最终排名
山东	1.36955	1
河北	0.186367	4
河南	0.320363	2
江苏	0.313212	3
四川	-0.37691	6
湖北	-0.3280379	7
湖南	-0.52716	10
广东	0.130198	5
辽宁	-0.45282	8
广西	-0.48097	9

4.3.6 根据 2006 年数据的因子分析

（1）数据列表。

表 4-13 2006 年各省份指标数值

指标＼省份	山东	河北	河南	江苏	四川	湖北	湖南	广东	辽宁	广西
X1	888.6	611.6	697.9	499.2	330.2	345.2	325.6	553.6	237.4	206.1
X2	5.91	5.29	6.24	3.89	7.05	3.81	3.04	2.52	3.21	3.39
X3	376.2	388.2	188.8	1011.8	117.7	75.9	70.8	851.8	183.0	36.6
X4	489.8	304.9	540.4	342.0	228.2	292.5	214.7	212.1	121.1	210.7
X5	1738.2	1122.9	1731.8	1161.2	1181.9	1017.6	1046.1	1185.2	358.2	1131.8
X6	8026.4	6314.4	5760.0	3124.2	2674.6	2648.9	2273.2	2380.6	2129.8	1903.9
X7	104.76	103.86	115.06	105.62	109.14	106.20	107.68	103.54	108.34	105.25
X8	494.38	237.62	146.68	88.09	131.45	143.53	55.77	155.4	347.86	149.15
X9	2380772	89863	105656	426519	22565	20741	1850	685843	147905	145807

（2）因子分析结果（仅显示旋转后的方差解释表和主因子得分情况，见图 4-12）。

```
   Factor    Variance    Difference    Proportion    Cumulative
   Factor1    3.94574      1.78873       0.4384        0.4384
   Factor2    2.15700      0.43538       0.2397        0.6781
   Factor3    1.72163          .         0.1913        0.8694
```

```
            f1            f2            f3
   1.    1.25422       2.313077      .1973685
   2.    .2094647      .4614383      .1577251
   3.    1.829708     -1.015347    -1.145373
   4.    .3956298     -.9025183     1.586622
   5.    .003097      -.4673566    -1.107331
   6.   -.4556954     -.2279477    -.3105877
   7.   -.5519527     -.6944138    -.2044668
   8.   -.2338006     -.2232615    1.782924
   9.   -1.618289      .8795754    -.7084799
  10.   -.8323819     -.1232453    -.2484015
```

图 4-12 旋转后的方差解释表和主因子得分情况

(3) 综合得分（见表4-14）。

可以构建出公因子综合得分的计算公式：

F = 0.4384F1 + 0.2397F2 + 0.1913F3

将图4-12各因子得分数据代入，则可以得到各省份蔬菜产业竞争力水平综合得分。

表4-14 2006年各省份蔬菜产业竞争力水平综合得分

省份	综合得分	最终排名
山东	1.1420512	1
河北	0.2326090	4
河南	0.3396550	3
江苏	0.5344210	2
四川	-0.322500	7
湖北	-0.3138314	6
湖南	-0.4770900	9
广东	0.1850590	5
辽宁	-0.6341600	10
广西	-0.4419800	8

4.3.7 根据2007年数据的因子分析

(1) 数据列表。

表4-15 2007年各省份指标数值

省份 指标	山东	河北	河南	江苏	四川	湖北	湖南	广东	辽宁	广西
X1	1044.2	694	762.1	593.9	405.9	387.6	424.2	563.7	297.4	275.9
X2	6.17	5.19	6.51	3.91	4.89	3.83	3.11	2.34	3.36	3.46
X3	408.2	430.1	223.4	1159.0	123.3	87.8	76.4	937.3	265.4	40.3

续表

省份 指标	山东	河北	河南	江苏	四川	湖北	湖南	广东	辽宁	广西
X4	500.3	311.9	569.7	342.0	238.2	299.9	219.6	219.6	127.5	222.6
X5	1704.7	1075.0	1688.3	1042.4	1045.5	918.1	983.8	1065.0	376.0	935.9
X6	8342.3	6440.7	6235.5	3318.0	2705.3	2655.3	2652.2	2351.5	2232.0	1986.0
X7	108.87	113.96	101.65	101.94	111.70	107.30	111.31	105.25	113.93	107.29
X8	494.38	237.62	146.68	88.09	131.45	143.53	55.77	155.4	347.86	149.15
X9	2715905	86274	67806	447292	23599	12626	2911	848494	141869	203133

(2) 因子分析结果（仅显示旋转后的方差解释表和主因子得分情况，见图 4-13）。

```
Factor      Variance    Difference   Proportion   Cumulative
Factor1     4.24654     1.96535      0.4718       0.4718
Factor2     2.28120     0.58847      0.2535       0.7253
Factor3     1.69273     .            0.1881       0.9134
```

```
            f1          f2          f3
 1.     1.285628    2.245569     .1409015
 2.      .254668     .5359656   -.7074245
 3.     1.999891   -1.138279    -.0823502
 4.     -.0808403   -.4670579    1.92796
 5.     -.1075976   -.4262525   -.8824686
 6.     -.1482135   -.6627389   -.391349
 7.     -.4474496   -.6001533   -.54362
 8.     -.8156838    .2120025    1.676276
 9.    -1.467458     .887022    -.7567027
10.     -.472945    -.5860775   -.3813749
```

图 4-13 旋转后的方差解释表和主因子得分情况

(3) 综合得分（见表 4-16）。

可以构建出公因子综合得分的计算公式：

$F = 0.4718F1 + 0.2535F2 + 0.1881F3$

将图 4-13 各因子得分数据代入，则可以得到各省份蔬菜产业竞争力水平综合得分。

表4-16 2007年各省份蔬菜产业竞争力水平综合得分

省份	综合得分	最终排名
山东	2.3639699	1
河北	-0.13727	5
河南	0.042736	4
江苏	2.248918	2
四川	-1.16597	10
湖北	-0.9080698	7
湖南	-1.14294	9
广东	1.300176	3
辽宁	-0.74016	6
广西	-0.99657	8

4.3.8 根据2008年数据的因子分析

(1) 数据列表。

表4-17 2008年各省份指标数值

指标\省份	山东	河北	河南	江苏	四川	湖北	湖南	广东	辽宁	广西
X1	1169	714	843	735	489	523	470	652	327	344
X2	6.17	5.19	6.51	3.91	4.89	3.83	3.11	2.33	3.36	3.47
X3	400.0	418.9	227.4	1234.1	128.2	98.1	81.5	951.2	281.3	44.1
X4	476.3	312.4	601.7	340.8	242.8	327.7	223.4	226.6	128.8	222.6
X5	1725.1	1101.4	1713.7	1093.4	1102.1	1016.0	1003	1112.6	388.7	959.0
X6	8635.0	6684.6	6394.3	3544.7	3078.3	2890.6	2578.2	2431.4	2438.3	2015.2
X7	107.00	99.54	94.56	103.81	110.32	109.70	111.93	110.87	98.37	109.81
X8	494.38	237.62	146.68	88.09	131.45	143.53	55.77	155.4	347.86	149.15
X9	2575547	96477	59907	455865	25687	27199	2155	809642	147064	291146

(2) 因子分析结果（仅显示旋转后的方差解释表和主因子得分情况，见图4-14）。

Factor	Variance	Difference	Proportion	Cumulative
Factor1	3.90948	1.75828	0.4344	0.4344
Factor2	2.15120	0.70288	0.2390	0.6734
Factor3	1.44832	0.21062	0.1609	0.8343
Factor4	1.23770	.	0.1375	0.9719

	f1	f2	f3	f4
1.	1.322388	2.393489	.5912207	-.0543757
2.	.1060786	.1612572	-1.176851	-.0264667
3.	1.697496	-.9578016	-1.416138	-.3843667
4.	.1048064	-.637589	-.2704651	2.073313
5.	-.0004181	-.4609355	.5271887	-.8260439
6.	-.0513517	-.4796556	.5237886	-.665781
7.	-.2480527	-.7430497	1.00939	-.5765042
8.	-.4155515	.0129631	1.008305	1.535936
9.	-1.945849	.9359588	-1.466362	-.2600688
10.	-.5695461	-.224637	.6699435	-.8156422

图4-14 旋转后的方差解释表和主因子得分情况

(3) 综合得分（见表4-18）。

可以构建出公因子综合得分的计算公式：

$F = 0.4344F1 + 0.2390F2 + 0.1609F3 + 0.1375F4$

将图4-14各因子得分数据代入，则可以得到各省份蔬菜产业竞争力水平综合得分。

表4-18 2008年各省份蔬菜产业竞争力水平综合得分

省份	综合得分	最终排名
山东	1.23414	1
河北	-0.10837	6
河南	0.227771	2
江苏	0.134704	4
四川	-0.1391	7

续表

省份	综合得分	最终排名
湖北	-0.14421	8
湖南	0.0880845	5
广东	0.19601	3
辽宁	-0.89328	10
广西	-0.30546	9

4.3.9 根据 2009 年数据的因子分析

（1）数据列表。

表 4-19 2009 年各省份指标数值

省份 指标	山东	河北	河南	江苏	四川	湖北	湖南	广东	辽宁	广西
X1	1403.5	865.2	1078	870.1	622.4	561.2	571.2	669.1	339.1	335.7
X2	6.17	5.19	6.51	3.91	4.89	3.83	3.11	2.33	3.36	3.47
X3	415.2	486.0	257.8	1316.6	133.8	104.1	86.7	995.1	283.9	48.5
X4	472.9	316.2	628.7	344.0	248.0	340.3	231.6	233.2	133.6	229.3
X5	1756.0	1100.9	1692.2	1147.6	1129.6	1079.3	1063.7	1138.4	402.7	978.0
X6	8937.2	6742.1	6370.4	3837.8	3227.3	2979.6	2844.2	2567.2	2604.4	2063.1
X7	110.77	115.61	145.27	110.93	110.63	109.00	108.53	97.20	101.05	103.22
X8	494.38	237.62	146.68	88.09	131.45	143.53	55.77	155.40	347.86	149.15
X9	2742907	85918	78854	470307	15487	33200	2200	770366	133024	273924

（2）因子分析结果（仅显示旋转后的方差解释表和主因子得分情况，见图 4-15）。

4 山东蔬菜产业综合竞争力评价及动态仿真分析

```
   Factor     Variance    Difference    Proportion    Cumulative
   Factor1    4.46348     1.89434       0.4959        0.4959
   Factor2    2.56914     1.29114       0.2855        0.7814
   Factor3    1.27799     .             0.1420        0.9234
```

```
            f1           f2           f3
  1.    .7971143     2.587852     .1575166
  2.    .3581996     .1728247    -.1822484
  3.    2.20794     -.8410605    -.4401736
  4.    .1190819    -.5783312    2.009716
  5.   -.0366088    -.3947842    -.6517472

  6.   -.133849    -.4505915    -.5476921
  7.   -.3484636   -.7223455    -.332662
  8.   -.8295075   -.0292808    1.599053
  9.   -1.414499    .5260297    -.900748
 10.   -.7194088   -.2703127    -.7110141
```

图 4 - 15 旋转后的方差解释表和主因子得分情况

(3) 综合得分 (见表 4 - 20)。

可以构建出公因子综合得分的计算公式：

$F = 0.4959F1 + 0.2855F2 + 0.1420F3$

将图 4 - 15 各因子得分数据代入，则可以得到各省份蔬菜产业竞争力水平综合得分。

表 4 - 20 2009 年各省份蔬菜产业竞争力水平综合得分

省份	综合得分	最终排名
山东	1.156488	1
河北	0.201093	3
河南	0.79229	2
江苏	0.179319	4
四川	-0.22341	6
湖北	-0.2727919	7
湖南	-0.4262707	8
广东	-0.19265	5
辽宁	-0.67917	9
广西	-0.53489	10

4.3.10 根据2010年数据的因子分析

(1) 数据列表。

表4-21　2010年各省份指标数值

指标\省份	山东	河北	河南	江苏	四川	湖北	湖南	广东	辽宁	广西
X1	1592.6	1095.5	1449	1074.9	772.7	701	732	813	447.9	373.3
X2	6.17	5.19	6.51	3.91	4.89	3.83	3.11	2.33	3.36	3.47
X3	439.0	511.8	269.4	1472.9	141.7	109.8	98.6	1044.3	359.5	50.2
X4	475.3	322.9	655.2	341.1	248.0	350.8	236.6	237.3	140.1	237.2
X5	1770.8	1138.6	1704.1	1229.8	1166.2	1020.8	1133.1	1179.8	430.2	1007.6
X6	9030.7	7073.6	6624.3	4234.0	3408.3	3131.5	3122.9	2718.6	2668.2	2129.4
X7	138.55	116.73	138.43	112.19	109.66	113.44	113.77	113.25	127.42	105.32
X8	494.38	237.62	146.68	88.09	131.45	143.53	55.77	155.4	347.86	149.15
X9	2891727	93736	88358	505841	17874	50223	1825	768062	141644	252096

(2) 因子分析结果（仅显示旋转后的方差解释表和主因子得分情况，见图4-16）。

```
       Factor      Variance    Difference    Proportion    Cumulative
       Factor1      4.39792      1.97677       0.4887        0.4887
       Factor2      2.42115      1.18293       0.2690        0.7577
       Factor3      1.23822         .          0.1376        0.8953
```

```
              f1           f2            f3
   1.     1.071911     2.32934       .2647888
   2.      .3343646     .0801342    -.0970949
   3.     2.023112    -.6547659     -.7705825
   4.      .193374    -.6624258     2.03812
   5.     -.0924792   -.5667861     -.6167259
   6.     -.2114347   -.4922296     -.649274
   7.     -.3258678   -.7499835     -.3846651
   8.     -.6411928   -.0869644     1.53347
   9.    -1.54522     1.190415      -.6958501
  10.     -.8065668   -.3867341     -.6221866
```

图4-16　旋转后的方差解释表和主因子得分情况

4 山东蔬菜产业综合竞争力评价及动态仿真分析

（3）综合得分（见表4-22）。

可以构建出公因子综合得分的计算公式：

F = 0.4887F1 + 0.2690F2 + 0.1376F3

将图4-16各因子得分数据代入，则可以得到各省份蔬菜产业竞争力水平综合得分。

表4-22 2010年各省份蔬菜产业竞争力水平综合得分

省份	综合得分	最终排名
山东	1.18687	1
河北	0.1715998	4
河南	0.706525	2
江苏	0.196755	3
四川	-0.28252	6
湖北	-0.325078	7
湖南	-0.4139271	8
广东	-0.12574	5
辽宁	-0.53068	9
广西	-0.58381	10

4.3.11 根据2011年数据的因子分析

（1）数据列表。

表4-23 2011年各省份指标数值

省份 指标	山东	河北	河南	江苏	四川	湖北	湖南	广东	辽宁	广西
X1	1405.2	1232.6	1273.6	1258.8	905.9	889.6	913.9	866.3	413.5	405.3
X2	6.17	5.19	6.51	3.91	4.89	3.83	3.11	2.33	3.36	3.47
X3	456.5	559.2	281.8	1606.8	148.6	112.3	106.0	1134.9	366.3	56.2
X4	473.6	326.3	673.7	337.2	251.2	354.9	242.5	241.3	144.6	242.7
X5	1791.2	1157.9	1720.1	1260.2	1205.6	1062.2	1193.8	1208.8	465.4	1040.7
X6	9180.9	7384.3	6709.7	4586.9	3573.6	3358.6	3337.4	2851.0	2832.5	2246.4

续表

省份 指标	山东	河北	河南	江苏	四川	湖北	湖南	广东	辽宁	广西
X7	76.24	107.85	80.26	108.44	107.64	116.38	107.55	100.82	84.34	99.03
X8	494.38	237.62	146.68	88.09	131.45	143.53	55.77	155.40	347.86	149.15
X9	3565141	95051	107627	539326	18304	84860	2419	828112	172413	289062

（2）因子分析结果（仅显示旋转后的方差解释表和主因子得分情况，见图4-17）。

```
Factor      Variance    Difference    Proportion    Cumulative
Factor1     3.97611     1.39931       0.4418        0.4418
Factor2     2.57680     1.26491       0.2863        0.7281
Factor3     1.31189        .          0.1458        0.8739
```

	f1	f2	f3
1.	1.070009	2.318005	.310489
2.	.5047873	-.175609	.1868653
3.	1.803373	-.3233955	-1.050859
4.	.2549595	-.6576564	2.013642
5.	.0034419	-.5911501	-.5870187
6.	-.0918245	-.7871617	-.4559522
7.	-.2482776	-.8429425	-.2966687
8.	-.706904	-.0231187	1.378964
9.	-1.719276	1.170909	-.602444
10.	-.8702886	-.0878798	-.8970183

图4-17 旋转后的方差解释表和主因子得分情况

（3）综合得分（见表4-24）。

可以构建出公因子综合得分的计算公式：

$F = 0.4418F_1 + 0.2863F_2 + 0.1458F_3$

将图4-17各因子得分数据代入，则可以得到各省份蔬菜产业竞争力水平综合得分。

表4-24 2011年各省份蔬菜产业竞争力水平综合得分

省份	综合得分	最终排名
山东	1.181644	1
河北	0.1999831	4

续表

省份	综合得分	最终排名
河南	0.550927	2
江苏	0.217943	3
四川	-0.25331	6
湖北	-0.3324101	7
湖南	-0.3942778	8
广东	-0.11788	5
辽宁	-0.51218	9
广西	-0.54044	10

4.3.12 各省份蔬菜产业综合竞争力发展趋势

(1) 各省份趋势总览。

从图 4-18 可以看出，山东、江苏和广东 3 省蔬菜产业综合竞争力水平的变动趋势大致相同，即综合竞争力水平经过缓慢上升—迅速上升—迅速滑落—平缓下降或上升 4 个阶段；山东和广东在迅速滑落阶段之后转入平缓下降阶段。其他省份综合竞争力水平大致经过缓慢下降—迅速滑落—迅速上升—平缓上升或下降 4 个阶段，其中，河北、四川、湖北、湖南在迅速上升阶段之后呈现出平缓上升趋势，而河南、辽宁和广西则呈现出平缓下降趋势。总的来看，未来山东、河南、广东、辽宁和广西呈现平缓下降趋势，其他省份则呈现平缓上升趋势；未来山东蔬菜综合竞争力水平基本保持现有水平，下降趋势相对不是特别显著。

(2) 主要省份趋势。

2001~2012 年，山东蔬菜产业竞争力综合得分一直居第一位，所以其综合竞争力处于绝对的优势地位；2001 年、2002 年、2003 年、2009 年和 2012 年综合得分排名前 3 位的依次是山东、河南和广东；2004 年综合得分排名前 3 位的依次是山东、江苏和河南；2005 年综合得分排名前 3 位的依次是山东、河南和江苏；2006 年综合得分排名前 3 位的依次是山东、江苏和河南；2007 年综合得分排名前 3 位的依次是山东、江苏和广东；2008 年综合得分排名前 3 位的依次是山

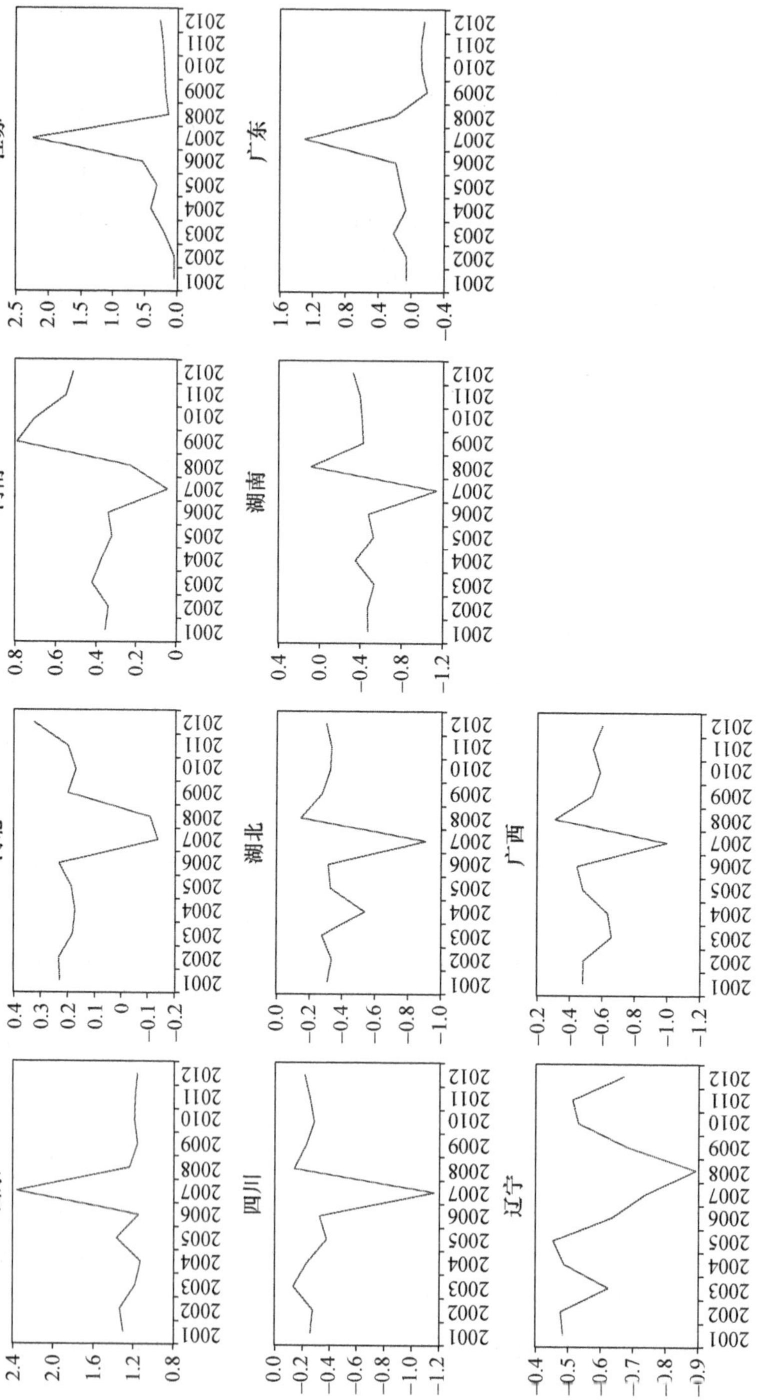

图4-18 各省份蔬菜产业竞争力综合得分趋势

东、河南和广东；2010年综合得分排名前3位的依次是山东、河南和江苏；2011年综合得分排名前3位的依次是山东、河南和江苏。

基于此，选取山东、河南和江苏3省绘制蔬菜产业竞争力综合得分时间序列趋势图（见图4-19），可以发现，山东蔬菜综合竞争力水平一直处于绝对优势地位，江苏和河南在短期内难以超越；山东未来蔬菜综合竞争力水平基本维持现状，但略有下降趋势，而河南的下降趋势更加明显，江苏则是平缓上升趋势。总体来看，未来山东蔬菜产业的综合竞争力将继续维持绝对优势地位，其他省份短期内无法挑战其"龙头"地位。

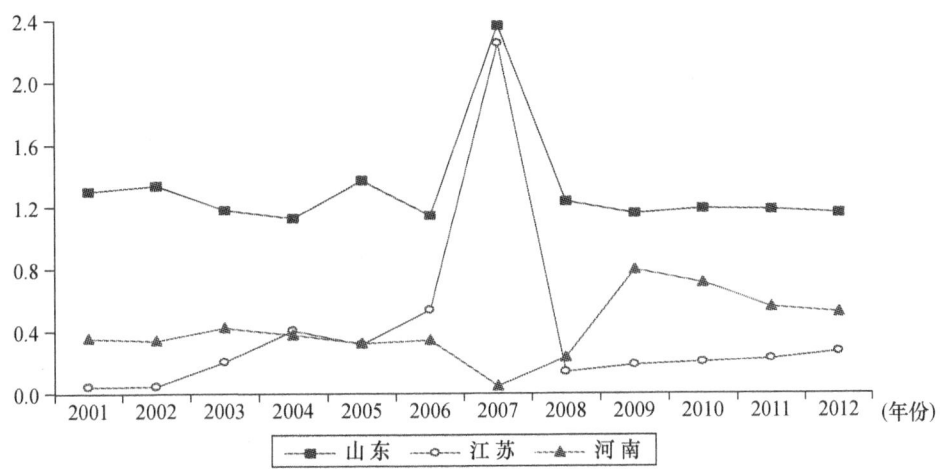

图4-19　各省份蔬菜产业竞争力时间序列趋势

4.4　小　结

（1）蔬菜综合竞争力水平评价的样本省份及指标体系。

选取了近年来在蔬菜产量上排名前10位的省份作为比较对象，分别是山东、河北、河南、江苏、四川、湖北、湖南、广东、辽宁和广西；选定了蔬菜总产值、耕地面积占全国的比重、农村用电量、化肥施用量、蔬菜播种面积、蔬菜总产量、蔬菜生产价格指数、农村居民人均出售蔬菜数量、蔬菜出口数量9个指标进行评价分析。

(2) 山东蔬菜产业综合竞争力当前水平评价 (2012年)。

采用因子分析方法,选取2012年数据来观察山东蔬菜产业的综合竞争力当前水平情况。从单个因子来看,在因子F1中,山东蔬菜产业在蔬菜总产值、耕地面积占全国的比重、化肥施用量、蔬菜播种面积和蔬菜总产量中的优势比较明显;在因子F2中,山东蔬菜产业在蔬菜生产价格指数变量、农村居民人均出售蔬菜数量和蔬菜出口数量占有绝对的优势;在因子F3中,山东蔬菜产业在农村用电量情况上不如江苏、广东和河北。从综合得分情况来看,山东的得分是1.1588,位居第一,比排在第二位的河南0.5160的得分高2倍多,说明山东蔬菜产业在环境层次竞争力、投入层次竞争力以及显性层次竞争力的综合水平远远高于其他蔬菜生产省份,具有较强的竞争优势。

(3) 山东蔬菜产业综合竞争力动态仿真分析。

通过考察各省份2001~2012年综合竞争力水平,通过趋势图的方式呈现各省份竞争力动态演化过程,进而对未来发展进行判断。山东、江苏和广东3省蔬菜产业综合竞争力水平的变动趋势大致相同,即综合竞争力水平经过"缓慢上升—迅速上升—迅速滑落—平缓下降或上升"4个阶段;其他省份综合竞争力水平大致经过"缓慢下降—迅速滑落—迅速上升—平缓上升或下降"4个阶段。2001~2012年,山东蔬菜产业竞争力综合得分一直居第一位,所以其综合竞争力处于绝对的优势地位,未来山东蔬菜产业的综合竞争力将继续维持绝对优势地位,其他省份短期内无法挑战其龙头地位。

本章附表和附图

附表4-1 2001~2012年各省份蔬菜总产值(X1,按当年价格)

单位:亿元

省份 年份	山东	河北	河南	江苏	四川	湖北	湖南	广东	辽宁	广西
2001	611.47	308.08	380.03	289.81	188.71	186.9	183.19	231.34	159.22	68.21
2002	678.43	313.65	392.59	326.23	210.54	216.38	202.9	247.86	159.22	72.29
2003	670.8	386.8	387.2	361	230.4	252.1	235.1	340.1	186.3	90.0

续表

年份\省份	山东	河北	河南	江苏	四川	湖北	湖南	广东	辽宁	广西
2004	741.9	443.9	479.3	403.8	249.7	278.2	239.4	372.3	201.6	127.1
2005	818.3	520.3	591.7	454.2	275.2	305.7	289.4	488.5	206.3	168.2
2006	888.6	611.6	697.9	499.2	330.2	345.2	325.6	553.6	237.4	206.1
2007	1044.2	694	762.1	593.9	405.9	387.6	424.2	563.7	297.4	275.9
2008	1169	714	843	735	489	523	470	652	327	344
2009	1403.5	865.2	1078	870.1	622.4	561.2	571.2	669.1	339.1	335.7
2010	1592.6	1095.5	1449	1074.9	772.7	701	732	813	447.9	373.3
2011	1405.2	1232.6	1273.6	1258.8	905.9	889.6	913.9	866.3	413.5	405.3
2012	1295.3	1333.9	1185.7	1265.4	911.0	846.1	1044.3	883.2	521.5	421.2

资料来源：历年《中国农村统计年鉴》。

附表 4-2　2001~2012 年各省份耕地面积占全国耕地面积的比重（X2）

单位：%

年份\省份	山东	河北	河南	江苏	四川	湖北	湖南	广东	辽宁	广西
2001	5.91	5.29	6.24	3.89	7.05	3.81	3.04	2.52	3.21	3.39
2002	5.91	5.29	6.24	3.89	7.05	3.81	3.04	2.52	3.21	3.39
2003	5.91	5.29	6.24	3.89	7.05	3.81	3.04	2.52	3.21	3.39
2004	5.91	5.29	6.24	3.89	7.05	3.81	3.04	2.52	3.21	3.39
2005	5.91	5.29	6.24	3.89	7.05	3.81	3.04	2.52	3.21	3.39
2006	5.91	5.29	6.24	3.89	7.05	3.81	3.04	2.52	3.21	3.39
2007	6.17	5.19	6.51	3.91	4.89	3.83	3.11	2.34	3.36	3.46
2008	6.17	5.19	6.51	3.91	4.89	3.83	3.11	2.33	3.36	3.47
2009	6.17	5.19	6.51	3.91	4.89	3.83	3.11	2.33	3.36	3.47
2010	6.17	5.19	6.51	3.91	4.89	3.83	3.11	2.33	3.36	3.47
2011	6.17	5.19	6.51	3.91	4.89	3.83	3.11	2.33	3.36	3.47
2012	6.17	5.19	6.51	3.91	4.89	3.83	3.11	2.33	3.36	3.47

资料来源：根据历年《中国农业年鉴》数据并计算。

附表4-3 2001~2012年各省份农村用电量（X3）

单位：亿千瓦时

省份 年份	山东	河北	河南	江苏	四川	湖北	湖南	广东	辽宁	广西
2001	214.0	184.1	134.6	345.0	89.5	60.2	46.7	463.4	105.4	30.7
2002	238.3	201.7	141.4	423.6	93.0	60.7	49.8	586.4	119.2	31.2
2003	272.2	216.8	144.6	529.5	99.9	63.1	53.8	714.3	136.0	31.2
2004	304.1	266.6	157.7	679.8	107.8	64.8	57.5	748.2	158.0	32.4
2005	346.54	337.05	172.15	825.10	112.92	70.09	65.24	766.43	183.00	34.31
2006	376.2	388.2	188.8	1011.8	117.7	75.9	70.8	851.8	183.0	36.6
2007	408.2	430.1	223.4	1159.0	123.3	87.8	76.4	937.3	265.4	40.3
2008	400.0	418.9	227.4	1234.1	128.2	98.1	81.5	951.2	281.3	44.1
2009	415.2	486.0	257.8	1316.6	133.8	104.1	86.7	995.1	283.9	48.5
2010	439.0	511.8	269.4	1472.9	141.7	109.8	98.6	1044.3	359.5	50.2
2011	456.5	559.2	281.8	1606.8	148.6	112.3	106.0	1134.9	366.3	56.2
2012	465.8	593.9	290.0	1696.4	156.0	112.3	110.2	1187.5	373.4	63.3

资料来源：历年《中国农村统计年鉴》。

附表4-4 2001~2012年各省份农用化肥施用量（X4，按折纯法计算）

单位：万吨

省份 年份	山东	河北	河南	江苏	四川	湖北	湖南	广东	辽宁	广西
2001	428.6	273.4	441.7	338.0	212.0	245.3	184.3	195.1	109.8	168.1
2002	433.9	278.8	468.8	337.5	209.6	257.0	184.3	196.4	111.4	176.5
2003	432.7	283.3	467.9	334.7	208.4	270.3	188.3	199.6	112.6	183.7
2004	451.0	289.9	493.2	336.8	214.7	281.9	203.2	201.3	117.9	195.2
2005	467.6	303.4	518.1	340.8	220.9	285.8	209.9	204.6	119.9	201.3
2006	489.8	304.9	540.4	342.0	228.5	292.5	214.7	212.1	121.1	210.7
2007	500.3	311.9	569.7	342.0	238.2	299.9	219.6	219.6	127.5	222.6
2008	476.3	312.4	601.7	340.8	242.8	327.7	223.4	226.6	128.8	222.6
2009	472.9	316.2	628.7	344.0	248.0	340.3	231.6	233.2	133.6	229.3
2010	475.3	322.9	655.0	341.1	248.0	350.8	236.6	237.3	140.1	237.2
2011	473.6	326.3	673.7	337.2	251.2	354.9	242.5	241.3	144.6	242.7
2012	476.3	329.3	684.4	331.0	253.0	354.9	249.1	245.4	146.9	249.0

资料来源：历年《中国农村统计年鉴》。

附表4-5 2001~2012年各省份蔬菜播种面积（X5）

单位：千公顷

省份 年份	山东	河北	河南	江苏	四川	湖北	湖南	广东	辽宁	广西
2001	1850.0	925.7	1304.2	1180.2	933.1	1086.7	828.6	1123.8	412.9	931.3
2002	1970.9	1028.9	1375.7	1290.8	987.1	1069.1	899.6	1128.0	481.0	967.9
2003	2027.1	1068.5	1526.2	1341.7	1006.2	1086.9	964.3	1194.9	468.5	1006.8
2004	1970.1	1082.2	1591.1	1217.5	970.6	1021.0	962.6	1146.7	424.1	1026.1
2005	1847.7	1104.8	1595.9	1194.4	991.5	1004.8	997.1	1162.5	413.7	1094.4
2006	1738.2	1122.9	1731.8	1161.2	1181.9	1017.6	1046.1	1185.2	358.2	1131.8
2007	1704.7	1075.0	1688.3	1042.1	1045.5	918.1	983.8	1065.2	376.0	935.9
2008	1725.1	1101.4	1713.7	1093.4	1102.1	1016.0	1003	1112.6	388.7	959.0
2009	1756	1100.9	1692.2	1147.6	1129.6	1079.3	1063.7	1138.4	402.7	978.0
2010	1770.8	1138.6	1704.1	1229.8	1166.2	1020.0	1133.1	1179.8	430.2	1007.6
2011	1791.2	1157.9	1720.1	1260.2	1205.6	1062.2	1193.8	1208.8	465.4	1040.7
2012	1806	1203	1730.3	1323.2	1253.9	1138.2	1239.2	1229.2	487.1	1075.4

资料来源：历年《中国农垦统计年鉴》。

附表4-6 2001~2012年各省份蔬菜产量（X6）

单位：万吨

省份 年份	山东	河北	河南	江苏	四川	湖北	湖南	广东	辽宁	广西
2001	7556.4	4892.6	4310.9	3562.4	2351.8	2990.0	1983.4	2377.6	1861.2	1709.8
2002	8335.4	5477.2	4690.8	3951.6	2565.7	3052.3	2186.2	2442.5	2124.9	1788.8
2003	8729.3	5903.4	4510.4	3722.8	2639.6	3141.8	2295.9	2584.2	2148.2	1871.0
2004	8883.7	6187.5	5237.5	3678.7	2623.9	2996.2	2305.3	2557.7	2034.6	1946.7
2005	8606.98	6467.61	5880.25	3604.69	2714.29	2916.91	2399.05	2596.02	1954.78	2130.59
2006	8026.4	6314.4	5760.0	3124.2	2674.6	2648.9	2273.2	2380.6	2129.8	1903.9
2007	8342.3	6440.7	6235.5	3318.0	2705.3	2655.8	2652.2	2351.5	2232.0	1986.0
2008	8635	6684.6	6394.3	3544.7	3078.3	2890.6	2578.2	2431.4	2438.3	2015.2
2009	8937.2	6742.1	6370.4	3837.8	3227.3	2979.6	2844.2	2567.2	2604.4	2063.1
2010	9030.7	7073.6	6624.3	4234.0	3408.2	3131.8	3122.9	2718.2	2668.2	2129.4
2011	9180.9	7384.3	6709.7	4586.9	3573.6	3358.6	3337.4	2851.0	2832.5	2246.4
2012	9386.0	7695.1	7011.7	4984.6	3764.5	3506.6	3480.9	2982.7	2977.6	2356.7

资料来源：历年《中国农垦统计年鉴》、《甘肃农村年鉴》、《铜川统计年鉴》。

附表4-7 2001~2012年各省份蔬菜生产价格指数（X7，上年=100）

省份 年份	山东	河北	河南	江苏	四川	湖北	湖南	广东	辽宁	广西
2001	—	—	—	—	—	—	—	—	—	—
2002	85.0	75.3	91.7	98.3	104.5	110.7	97.5	85.5	100.0	97.2
2003	112.22	103.99	101.89	108.23	99.91	109.83	113.88	103.65	111.98	116.91
2004	105.63	105.64	109.90	104.30	109.77	106.20	101.36	105.55	107.45	137.60
2005	106.79	106.03	111.30	106.73	107.15	105.45	111.79	107.98	101.50	107.20
2006	104.76	103.86	115.06	105.62	109.14	106.20	107.68	103.54	108.34	105.25
2007	108.87	113.96	101.65	101.94	111.70	107.30	111.31	105.25	113.93	107.29
2008	107.00	99.54	94.56	103.81	110.32	109.70	111.93	110.87	98.37	109.81
2009	110.77	115.61	145.27	110.93	110.63	109.00	108.53	97.20	101.05	103.22
2010	138.55	116.73	138.43	112.19	109.66	113.44	113.77	113.25	127.42	105.32
2011	76.24	107.85	80.26	108.44	107.64	116.38	107.55	100.82	84.34	99.03
2012	112.5	106.6	106.9	107.7	108.0	110.6	106.5	111.5	129.0	116.0

资料来源：历年《中国农产品价格调查年鉴》。

附表4-8 2012年各省份农村居民人均出售蔬菜数量（X8）

单位：公斤/人

省份	农村居民人均出售蔬菜数量
山东	494.38
河北	237.62
河南	146.68
江苏	88.09
四川	131.45
湖北	143.53
湖南	55.77
广东	155.40
辽宁	347.86
广西	149.15

资料来源：《中国年鉴2013》。

附表4-9　2001~2012年各省份蔬菜出口数量（X9）

单位：吨

省份 年份	山东	河北	河南	江苏	四川	湖北	湖南	广东	辽宁	广西
2001	—	—	—	—	—	—	—	—	—	—
2002	1320307.7	36498.4	93265.2	170037.3	15411.5	5475.4	2063.1	757657.2	107461.6	101696.4
2003	—	—	—	—	—	—	—	—	—	—
2004	1795867	49653	79884	258834	17835	6643	3491	859977	130716	113879
2005	2008442	58607	116091	345399	18643	21540	3734	705411	116074	131634
2006	2380772	89863	105656	426765	22565	20741	1850	685843	147905	145807
2007	2715905	86274	67806	447292	23599	12626	2911	848494	141869	203133
2008	2575547	96477	59907	455865	25687	27199	2155	809642	147064	291146
2009	2742907	85918	78854	470307	15487	33200	2200	770366	133024	273924
2010	2891727	93736	88358	505841	17874	50223	1825	768062	141644	252096
2011	3565141	95051	107627	539326	18304	84860	2419	828112	172413	289062
2012	3150184	91314	100528	566089	16979	63219	5224	813350	188355	346439

5 山东蔬菜产业竞争力的主要影响因素及可持续发展策略

波特的"钻石模型"理论主要包括生产要素等资源禀赋、需求条件、相关产业发展、企业策略与竞争对手状况、政府作用及机遇等要素；波特的产业竞争力理论涵盖了影响产业竞争力的多维度要素，对于深刻理解产业竞争力的形成有非常重要的指导意义。基于此思路，本文从"钻石模型"诸要素的角度出发，结合山东蔬菜产业的具体情况，总结了山东蔬菜产业竞争力形成的主要影响因素。

5.1 主要影响因素分析

5.1.1 设施蔬菜普及与特色蔬菜规模生产

山东蔬菜从20世纪80年代中后期以来，基本形成了规模化、专业化、商品化和特色化的生产模式。山东蔬菜规模化的大生产首先取决于蔬菜播种面积在全国的绝对优势地位，从1990年的362千公顷到2012年的1806千公顷，20多年间，蔬菜种植面积增长了近6倍；相应地，蔬菜的产量从1990年的1401.2万吨增加到2012年的9386.01万吨，已占到全国蔬菜总产量的13.24%，居全国首位。根据简单测算，2012年山东蔬菜产业的每亩产值为4781.54元，为全省平均耕亩产值的1.3倍，即蔬菜用24%的耕地形成了32.7%的产值，土地产出和回报率是比较高的。

但也发现，尽管从绝对值去衡量，山东蔬菜种植面积的数值在全国长期以来占据领先地位，但从相对值去衡量，即按照资源禀赋系数计算的土地资源禀赋系数（见表2-2）山东土地禀赋系数接近1，为0.999，不及广西、河南、湖南、湖北、广东和四川，在考察的10个省份中排名第7位；其他资源禀赋，如劳动力禀赋、水资源禀赋、资本物质禀赋系数等都不及所考察的其他蔬菜生产省份。这说明，单纯依赖以土地禀赋和扩大种植面积这样的大规模生产模式是难以可持续发展的，也不能完全解释山东蔬菜在产量、产值等相比于其他省份显性竞争优势的存在。事实上，山东设施蔬菜普及以及特色蔬菜种植的规模化也是揭示其产值、产量优势的重要原因。

所谓设施蔬菜主要包括日光温室、拱圆大棚和中小拱棚3种类型。据有关调研资料，2011年，全省设施蔬菜种植面积约为1300万亩，占到全省蔬菜种植面积的25.9%，其中，日光温室约330万亩、拱圆大棚360万亩和中小拱棚610万亩，3种设施蔬菜的比例大体为3:3:5。日光温室中高档次蔬菜的产值每亩为3万~6万元，拱圆大棚中高档次蔬菜的每亩产值为0.6万~0.9万元，而中小拱棚中高档次蔬菜的每亩产值为0.5万~0.7万元，即日光温室产品的附加值最高，其次是拱圆大棚，而中小拱棚产品附加值相对是最低的，但设施蔬菜的附加值普遍高于露天蔬菜。设施蔬菜的品种非常丰富，特别是抗病较好的优质品种，如西红柿类的齐达力、欧盾、金鹏1号、合作918等品种市场认可度较高，产量、产值都具有优势。设施蔬菜的另一个巨大优势是能够提高蔬菜周年生产、缩小蔬菜价格的季节差，稳定农民的收入。普及化的设施蔬菜生产，使得蔬菜供给数量不会因受到季节的变化而产生过于剧烈的波动，为山东蔬菜提供了稳定的货源。

山东具有地方特色的名特优稀农产品300余种，近年来许多特色蔬菜也大规模种植，并享有盛名，产品质优且附加值高。譬如，苍山的大蒜、章丘的大葱和潍县的萝卜。苍山大蒜主要分布在临沂苍山、济宁金乡、鱼台、嘉祥一带，这些地方是我国优质大蒜的种植和出口基地，2012年种植面积超过180万亩，总产量超过90万吨。章丘大葱以其株高白长、营养丰富被誉为"葱中之王"，2012年种植面积超过20万亩，总产量达到80万吨。潍县萝卜又称为"水果萝卜"，目前在潍坊的潍城区临朐、安丘等县区大面积种植。

5.1.2 蔬菜科技进步与品质优势发挥

科技进步是提高蔬菜产业产量规模的重要影响因素，也是影响蔬菜产品品质优势发挥的关键性因素。科技进步既能使山东蔬菜产业实现"以量取胜"，也能完成从量到质变，最终实现"以优取胜"的升级。尽管波特的产业竞争力影响因素中，并不包含科技进步的要素，但科技进步内生于各要素之中，对于全要素生产率的提高、改善优化市场需求条件、产业链延伸与价值再造、产业信息化程度提升乃至政府科技投入决策等方面发挥重要作用。因此，科技进步是影响产业竞争力的嵌入式要素，也可以理解为高级层次的要素竞争力的组成部分。

经过多年的努力，山东蔬菜产业在科研方面取得了许多具体的研究成果，并进行了推广应用，取得了较好的效果。在种苗育种研究方面：大白菜、马铃薯、萝卜等传统蔬菜方面的育种是山东蔬菜遗传育种研究的优势，山东4号、山东福山包头、莱芜包头、鲁白6号、丰抗70、丰抗78大白菜等在山东乃至全国的种植范围都非常广泛；马铃薯高产高效育种技术也取得新进展，有双丰5号、6号等新品种；育成西星萝卜2号、西星萝卜5号等水果型鲜食萝卜新品种，具有突破性。进口种子国产化工作上也取得很大进展，近10年来先后有近40个蔬菜种子实现了进口替代，在厚皮甜瓜、樱桃番茄、西葫芦等品种种子国产化方面取得了重要进展，部分品种性状优于国外的品种。设施蔬菜栽培的品种选育方面成果突出，选育了一批优质抗病高产品种，如西红柿类的金鹏1号、合作918等品种选育；辣椒类的中椒6号、苏椒5号、亮剑、长胜等品种选育；茄子类的济南长茄、黑帅、天津快圆茄等品种选育。在蔬菜生物技术方面：将现代生物技术与常规的遗传育种技术结合起来，在蔬菜穴盘育苗基质、营养液配方、育苗环境调控、苗期病害控防等关键技术研究取得重要进展。譬如，马铃薯茎尖培育脱毒和脱毒种薯的繁育、大蒜无性繁殖蔬菜茎尖培养脱毒快繁技术、大白菜 TuMV - Nib 复制酶基因技术、马铃薯 GLDH 基因技术等基因克隆和遗传转化技术方面取得了重要进展，为开展转基因育种奠定了基础。名产蔬菜研究方面：山东的大白菜、萝卜、葱、姜、蒜等蔬菜产品是享誉海内外的名优产品，胶东大白菜、潍县萝卜、章丘大葱、苍山大蒜等全国闻名。从20世纪70年代末开始，山东就非常重视山东本土名产蔬菜的研究和推广工作。选育了辽宁盖平大葱、北京高脚白、陕西华县谷葱、山东章丘鸡腿葱、河北的对叶葱等大葱普通类品种，选育了分葱、楼葱、胡葱等其他特殊类品种栽种；在生姜辐射育种、大蒜诱变选种与开花技术研究等方面取得了突破。近几年，山东对蔬菜的良种实施了产业化的开发，对于名产蔬菜品种改良和发掘作用巨大。蔬菜科普与技术培训：科技进步以及转化为现实的效益离不开科学技术的推广。自改革开放以来，山东就非常重视包括蔬菜技术在内的农业技术的推广工作，专门下拨资金进行蔬菜技术培训工作，省、市、县、乡等多层次联动，围绕推广日光温室蔬菜栽培技术、新品种推广等曾先后在潍坊、济宁等地连续数年举办了技术培训，收到了良好的效果。

5.1.3 区位优势与交通优势明显

山东是我国东部沿海的主要省份之一，位于黄河下游。山东的东部地区是半岛，位于黄海、渤海之间；西部地区为内陆，与河北、河南、安徽和江苏4个省份相接。山东半岛与日本、韩国等国隔海相望，有密切的经济联系，也是山东蔬菜主要的出口目的地；山东与国内京津冀、长江三角洲等经济发展区相邻，靠近山西、内蒙古等重要能源基地，与中西部地区广阔的内陆腹地相通，所处区位优势非常明显。

在区位优势的带动下，山东有非常完备和发达的交通运输网络。2012年末，全省公路通车里程达到244586.0公里，等级公路里程243037.3公里，二级及二级以上公路合计38713.6公里，高速公路通车里程4975公里，晴雨通车里程243779.0公里，公路密度达到156.0公里/百平方公里；全省公路里程排名前5位的地市依次是潍坊市24456.1公里，临沂市24112.1公里，德州市21435.7公里，菏泽市21371.8公里，济宁市17439.8公里，上述地区也是山东主要的蔬菜产区。山东的铁路运输里程从1978年的1385公里增长到2012年的4306公里，增加了3倍多，主要蔬菜产区和加工区实现了铁路网的全覆盖；山东的内河通航里程从1978年的2403公里下降到2012年的1150公里，货物运输逐渐转为铁路、公路等为主。总的来看，2012年，山东货物运输量为33.34亿吨，占全国货物运输量的8.14%；公路货物运输量为29.68亿吨，占全国货物运输量的9.31%；水运货物运输量为1.37亿吨，占全国货物运输量的2.99%，已经形成了集水运、公路、铁路、航空于一体的综合交通体系，这无疑为山东发展贸易和经济信息提供了极为有利的条件。

山东的港口基础设施发展迅速，已经形成了环山东半岛的青岛港、烟台港、威海港、日照港、石岛港、张家埠港、乳山港、羊口港、蚰江港、潍北港、牟平港等港口群，2012年末沿海港口货物吞吐量已达10.7亿吨，排名前4位的依次为青岛港4.15亿吨，日照港2.83亿吨，烟台港2.43亿吨，威海港0.62亿吨。

由此可见，以市场为导向，依托区位优势和立体化交叉的水陆空交通网络，形成了优势产业带为生产基地，辐射全国市场的蔬菜等农产品物流一体化体系；以青岛港为龙头的沿海港口群是山东蔬菜产业出口贸易的主要依赖，加上与日本、韩国等主要出口地隔海相望，地理位置得天独厚，形成了以对日、韩等亚洲国家市场为主的蔬菜等农产品物流一体化体系。以对日本蔬菜出口为例，日本每年进口的蔬菜总量约30%来自我国的山东，蔬菜贸易地位十分显著。

5.1.4 国内需求改善与内外市场一体化

随着居民收入的提高和生活条件的改善，我国城乡居民在膳食结构以及营养结构方面也发生了许多改变。根据有关统计资料，从食物的摄入量来看，1982年，我国城乡居民每人每日的平均食物摄入总量为1151.6克（不包括糕点类、淀粉及糖、食盐、酱油、酒类等，下同），蔬菜产品类的摄入总量约为523.4克，占到食物摄入总量的45.5%；1992年，我国城市居民每人每日的平均食物摄入总量为1056.8克，蔬菜产品类的摄入总量约为417.8克，占到食物摄入量的39.5%；2002年，我国城市居民每人每日的平均食物摄入总量为1002.4克，蔬菜产品类的摄入总量约为351.5克，占到食物摄入量的35.1%。从我国城乡居民膳食结构来看，1992年，我国城乡居民动物性食物消费占其食物消费总量的37.2%，而植物性食物消费占到其食物消费总量的62.8%；2002年，城乡居民动物性食物消费占其食物消费总量的39.2%，而植物性食物占其食物消费总量的60.8%。1992年，我国城市居民动物性食物消费占其食物消费总量的38.7%，而植物性食物则占到61.3%；2002年，动物性食物消费占到36.2%，植物性食物消费占到63.8%。1992年，我国农村居民动物性食物消费占到36.3%，而植物性食物消费占到63.7%；2002年，动物性食物消费占到40.4%，而植物性食物占到59.6%。以上这些数据反映了我国城乡居民生活饮食方面的结构性改变，可以发现，城乡居民每人每日的平均食物摄入总量呈现下降态势，说明居民其他物质生活资料比重的提升；蔬菜类产品在城乡居民每人每日平均食物摄入总量有所下降，说明居民消费肉类和禽蛋类等其他食物比重有所上升，食物结构日益丰富；从营养的角度来看，我国城乡居民动物性食物获取营养的比重不断下降，植物性食物获取营养的比重不断上升，说明人们对于高品质、营养丰富的植物性食物包括蔬菜类食物的品质要求日益提高，反映在蔬菜消费上主要是对品种多样化和质量高端化、精细化的需求日益提高。

由此可以判断，当前我国国内市场对于蔬菜消费已经发生了质的改变。已经从追求数量型向追求品质型转变，而对蔬菜品质的要求也逐步从追求营养丰富类型向追求营养保健类型转变。从市场需求的角度看，随着我国居民收入增加和生活水平的提高，对于消费的需求日益和国际发达国家的水准和标准靠拢，从消费需求的层面上逐步实现了国内外市场的一体化。按照波特的竞争力理论，国内市场的影响力将通过国内客户需求形态和特征的改变而发生改变，显然，在国内市场需求条件向良性方向发展的条件下，其对蔬菜产业竞争优势的作用也必然是向良性的程度加大。

令人记忆犹新的是，2006年日本"肯定列表制度"事件。即2006年5月29日，日本对264种农产品中734种农药、兽药和饲料添加剂设定了51392条残留限量标准，且对没有具体限量标准的一律实行0.01ppm（即亿分之一）的"一律标准"。据商务部统计，自日本实施"肯定列表制度"一个月以来，中国对日农产品出口出现大幅下降，同比下降18%；这一事件也波及了山东蔬菜的出口，造成山东蔬菜出口在2006年和2007年大幅度下降，也是造成山东蔬菜产业出口竞争力综合得分和排名下降的重要原因。而反观当时国内市场的需求，相对于日本等发达国家，蔬菜产品的质量和品质要求及标准是非常低的。简而言之，山东蔬菜产业对外的产品质量要求远远高于对内的产品质量要求，如果长此以往，不只是损害国内居民的消费利益，也损害产业自身的升级换代，并且这种损害是长期性的和实质性的。

近年来，特别是在食品污染事件层出不穷，癌症等恶性疾病的发病率、死亡率不断增加，雾霾天气等大气、水资源污染事件频发的情况下，人们对于食物产品包括蔬菜产品不安全的疑虑甚至是恐慌日益增加，但也刺激了国内居民对于蔬菜的农产品消费的安全意识不断觉醒。从蔬菜的种植一直到蔬菜产品的零售，整个物流环节对于蔬菜产品质量安全的重视程度空前提高。譬如，蔬菜加工企业普遍加大了蔬菜原料的农药残存量的检测工作，并建立了蔬菜产地质量安全的追溯机制；青岛、烟台、潍坊等地区的较大型超市、市场都有蔬菜等农产品的专职质量检测人员，检测合格的蔬菜都要张贴质量合格的条形码；全省各大超市对零售蔬菜进行分类管理和销售,无公害蔬菜、有机蔬菜、野生蔬菜和普通蔬菜等明码标价和分类销售;政府部门也设立了蔬菜等农产品质量的安全检测机构和设备,定期对市场上蔬菜等农产品的质量,特别是农药残留物进行抽检。

在新的形势下,国内外市场一体化是山东蔬菜产业竞争力提升必须面对的问题,也是影响其竞争力水平的重要因素。随着国内市场条件的改善,山东蔬菜产业的发展不仅要着眼国际市场,也要更加重视国内市场;不仅要重视国内市场上提供蔬菜产品的数量,更要按照国际市场的高标准、高要求重视国内市场蔬菜产品的品质和质量的提升,最终做到内外市场的一体化。国内外市场的一体化既是山东蔬菜产业发展面临的巨大挑战,也是山东蔬菜产业升级转型的巨大机遇。

5.1.5 信息化程度提高与产业化运作模式创新

现代农业是农业信息技术和农业科技两者的结合点,和农业科技一样,农业的信息技术内生于影响山东蔬菜产业竞争力的各个要素之中,并且决定了现代农业发展的方向和模式。农业信息技术产品本身也是蔬菜产业链条中不可或缺的组成部分,是波特产业竞争力理论中所涉及的相关产业要素,属于环境竞争力的范畴。农业信息技术及信息化过程,深刻地影响了农业产业化发展以及农业组织形式的创新,也是推动蔬菜产业不同组织形式整合,特别是推动产业一体化的主要推手。简而言之,没有农业信息技术及信息化体系的发展,蔬菜产业的组织形式创新以及产业化发展是非常困难的,而蔬菜产业化发展以及产业组织的形式又是影响其竞争力的战略性因素。基于此,这里将山东农业信息化发展和产业化发展、产业组织创新(主要是产业一体化创新)作为影响蔬菜产业竞争力的环境因素一并进行阐述。

根据有关统计资料,2012年山东的信息化建设基本情况是:年末从业人员为1600人,其中技术人员777人;计算机保有量13653台;服务器709台,其中PC服务器649台,小型机60台;存储备份系统(TB)1281.28TB,其中,盘阵866.01TB,带库219.9TB,已有数据量195.37TB;网络个数为17210个,其中,网络信息点数13618个,视频会议连通节点数600个,业务网络连通节点数2992个;培训6539人次;累计经费投入60611.53万元,本年度经费投入16435.89万元,用于硬件的8633.79万元,软件的6468.13万元,维护的1333.97万元。目前,山东基本所有的市、县(市、区)的农业部门和乡镇都建立了农业信息化的工作机构和信息服务机构,实现了山东农产品营销平台和农业部信息交换卫星视频的连接系统。山东各地区结合区域特点主要形成了4种信息服务途径:一是互联网信息服务;二是广播、电视等媒体信息服务;三是利用农技110等电话语音系统信息服务;四是在对外贸易和招商引资上使用"电子口岸"和"网上交易会"等信息平台进行信息服务。山东各地区也有非常发达和畅通的信息服务平台,譬如,以青岛农经网为代表,青岛市的农业信息化建设处于全省领先地位。特别是青岛农经网采用了目前世界上先进、国内领先的100兆ATM宽带光纤骨干传输网,市到县全产实现100兆宽带联通;县到乡镇有40%,实现10/100宽带网络,其余60%暂时使用电话拨号上网。市、县两级站点的横向切入,如涉农部门、各大批发市场、技术市场及有关企业,分别通过Internet互联,真正实现了纵向到底、横向到边、内联全国、外联世界的网络体系。青岛农经网通过青岛农村、新闻传真、信息服务、现代农业、植物保护、农业科技、农产行情、水利信息、气象服务、供求热线和友情链接10多个栏目向用户提供丰富的信息服务。烟台市2000年10月建成并开通了烟台市农业信息网,并作为市政府的重大工程之一和对外重点打造的门户网站。从农业信息化体系的实施效果来看,农业信息化体系的不断完善提高了蔬菜生产技术,扩大了产品宣传,降低了经营成本,进而推动了蔬菜产业不断向更广泛的领域发展,当然,也带动了蔬菜产业化的发展。

山东是全国最早实行农业产业化经营的地区,其蔬菜产业化经营也是非常完善的。从农业产业化开发的整体情况来看,根据有关统计资料,2012年山东农业综合开发项目的完成情况是:土地治理项目完成了162.16万亩,经济林、蔬菜、药材等种植面积的产业化项目完成了2.31万亩,农业生产服务项目11个。在农业产业化项目带动下,目前,山东蔬菜产业已经形成了一批组织化程度高、经济效益较好的龙头企业、示范基地、出口基地、特色蔬菜生产基地和现代农业示范区、蔬菜产业集群区。全省省级蔬菜产品的龙头企业有郯城通宝蔬菜有限公司、山东鲁南蔬菜产业有限公司、苍山县越洋食品有限公司、东营市绿洲蔬菜有限责任公司等。山东寿光蔬菜示范基地位于中国蔬菜之乡山东寿光市,基地在种苗繁育、新品种引进、无公害与绿色蔬菜标准化种植、加工配送等方面具有示范功能。基地拥有10000平方米智能育苗温室、30000平方米蔬菜保护地标准化种植示范区和2000平方米蔬菜配送加工车间,14个品种先后获国家无公害和绿色食品认证。潍坊、聊城、泰安、菏泽等蔬菜主要产区也是山东重要的蔬菜出口基地；潍坊安丘市大姜种植基地、潍坊高密韩国辣椒生产基地、淄博沂源悦庄镇韭菜生产基地等都是重要的特色蔬菜种植基地；山东的青岛市、平度市和寿光市是国家级的现代农业示范区；寿光蔬菜产业聚集区是集生产、加工、仓储、批发、货物运输于一体的大型蔬菜产业聚集区。在信息化、产业化的共同推动下，创新和产生了形式多样的集生产、加工、贸易于一体的蔬菜产业一体化组织形式，主要包括龙头企业农产品纵向一体化组织、农业集团或公司＋农户的组织等，这些多样化的组织形式发挥了保障蔬菜产品质量、增加企业效益、减少农民风险等积极作用。

5.2 可持续发展策略

蔬菜产业的可持续发展目标和维持较高水平的竞争力是相互正向关联的。可持续发展是产业维持竞争优势的前提和基础，不可持续发展意味着产业的衰败，则竞争力问题就无从谈起；而产业维持一个较高程度的竞争力水平又是实现产业可持续发展目标的标志和基本手段。因此，在可持续发展框架下探讨产业的竞争力问题，实际上就是兼顾目标和手段、条件和策略、长期和短期的同一个问题的两个方面。一言以蔽之，所谓可持续发展的目标就是指山东蔬菜产业竞争力如何在未来相当长时间内保持一个高水平的竞争力优势的问题。通过比较国内外其他蔬菜生产区域以及山东蔬菜产业自身的先进经验，通过客观分析评判发展过程中存在的弱质性特征，特提出以下几个方面的策略。

5.2.1 产业规模化策略

我国的国情与欧美国家不同，产业的发展首先应该依托于庞大的国内市场，在此基础上，进一步开拓国外广阔的市场空间。而欧洲国家许多产业在国际上是非常具有竞争力的，但在国内市场上却被分割得支离破碎，如波特所列举的意大利的五金器材、德国的化工企业、瑞典的采矿设备、瑞士的纺织机等产业在国内外市场表现得天差地别，这与欧洲国家本身国内市场狭小有关。由此可见，产业竞争力的形成条件首先是市场的规模化，其次是市场规模化决定的产业自身的规模化；从规模化的角度去理解，产业竞争力形成的路径细分为"依赖于国际市场的规模化—产业自身的规模化—国内市场的开拓—产业竞争力的释放"和"依赖于国内市场的规模化—产业自身的规模化—国外市场的开拓—产业竞争力的释放"两种基本模式。蔬菜产品是需求弹性较小的生活必需品,我国国内市场本身就非常庞大,符合规模化市场的基本特征。从广义的角度理解,规模化的市场指的是市场具有庞大的消费能力和消费潜能,我国城乡居民2012年每人年消费蔬菜平均是70.88千克,仅以13亿人口粗略计算所需蔬菜总量为9000多万吨,相当于当年山东蔬菜产量的总和,这还不包括蔬菜产品的其他用途、耗损和人口数量的增加等因素,消费能力和潜力是巨大的。从狭义的角度理解,规模化的市场是指具有一定规模的交易性市场。据有关统计,按照交易量,2012年全国前20位的蔬菜交易市场中山东占了4个,分别是德州庆云县蔬菜水果批发市场、寿光市农产品物流园、济宁市金乡大蒜国际交易市场、金乡县鱼山农副产品批发市场。2012年,从山东上亿元的商品交易市场情况来看,农产品综合交易市场有25个,成交额194.12亿元;蔬菜市场65个,成交额817.85亿元,代表了山东内农产品和蔬菜产量市场规模的基本情况。

  产业的规模化是依赖于庞大的内需市场的,规模化的市场必然决定了只有蔬菜产业的生产规模化和贸易规模化才能保持其竞争力优势。山东蔬菜产业生产的规模化情况体现在其种植面积和产量水平,从2008~2012年的统计数据来看,全国蔬菜种植面积稳定大于1000千公顷的主要省份有山东、河南、江苏、四川、湖南、广东、河北、湖北等省,2012年山东蔬菜种植面积为1806千公顷,占全国当年蔬菜播种面积的8.87%;2012年蔬菜产量排名前10位的省份分别是山东、河北、河南、江苏、四川、湖北、湖南、广东、辽宁和广西,山东的蔬菜总产量为9386.01万吨,占全国蔬菜产量的13.24%;2012年全国蔬菜单产为3.46万吨/千公顷,山东蔬菜的单产为5.2万吨/千公顷,单产水平超过全国平均水平。山东蔬菜产业在生产的规模化水平上长期以来居全国前列。从蔬菜出口贸易的情况来看,按照出口总量,2012年全国排名前10位的蔬菜出口省份依次是山东、广东、云南、江苏、福建、广西、黑龙江、浙江、辽宁和内蒙古,山东的出口总量为315.02万吨,占当年全国蔬菜出口总量的43.12%。按照出口金额,2012年全国排名前10位的蔬菜出口省份依次是山东、福建、江苏、云南、浙江、湖北、广东、辽宁、河南、广西,山东出口金额为28.44亿美元,占当年全国蔬菜出口金额的38.25%。总之,山东蔬菜产业无论是生产规模化还是贸易规模化都具有绝对的优势,都具有很强的竞争力优势。

如何继续保持和扩大山东蔬菜产业的生产规模和贸易规模是山东蔬菜产业竞争力可持续发展的重要方面。当前，在生产规模化方面，山东蔬菜产业存在的最主要的问题仍旧是以家庭为单位的分割式生产方式，造成产能偏低。山东属于人口稠密而土地资源非常匮乏的省份，耕地面积相对于农业人口更为匮乏，而以家庭承包的土地为基础作为蔬菜种植的一个生产单位的现状没有根本性的改变。根据调研，每个生产户种植蔬菜的面积基本上不超过2亩，普遍在1亩以下，这一状况甚至比土地资源更为稀缺的日本还要严重，日本农户种植蔬菜的面积平均每户达到2~3公顷。这种以家庭为单位的分割式生产方式，对于蔬菜生产而言，限制了农用机械等大中型设备的投入，单纯以人工或者简单工具进行相关生产活动的单位时效非常低；蔬菜种植技术推广、蔬菜供销合作等也因为面对的农户数量较多而难度增大，成本增加；设施蔬菜生产设备造价相对较高，不考虑农用柴油、化肥和农药等生产资料成本，单考虑蔬菜大棚的成本，譬如从韩国等国引进的现代化玻璃温室造价基本在几十万元，即使是砖体和钢架构的冬暖棚造价也在每700平方米3万~5万元，最便宜的土木结构大棚造价也在几千元左右，显然，每个农户家庭负担如此造价的大棚成本是数目不小的开支，大多数种植户只能选用造价低廉的土木结构和砖体结构大棚，造成了生产效率低下。

在贸易规模化方面存在的主要问题：其一，内外市场蔬菜品质差距较大，造成内需市场产品同质化的激烈竞争，影响了其规模化发展。长期以来，只追求出口创汇，在遵从国外蔬菜产品进口严苛的检验标准的条件下，将大量品质一流的蔬菜产品用于外销创汇，而投入国内市场的产品相对品质较差，山东蔬菜的优质特色在国内市场上的认可度并不高，甚至与其他产地蔬菜贸易发生产品同质化的激烈竞争，这严重影响了山东蔬菜在国内市场上的占有率，不利于其贸易规模化的发展。其二，由于出口贸易蔬菜流向过于集中亚洲相邻国家，出口风险较大。山东蔬菜产品出口的流向主要集中在亚洲地区，约占到其出口总量的70%，而其他各大洲出口的比例总和也只有30%左右。在亚洲国家中，出口日本的数量占到35%左右，韩国占到15%左右，东南亚国家占到15%左右，其他国家占到25%左右。由此可见，山东蔬菜产品出口地主要集中于亚洲的日本和韩国，这种出口格局与其地理上的区位优势密切相关，也与日本和韩国的产业结构特征、进出口政策等因素密切相关。但是，山东蔬菜产品出口贸易的过度集中存在巨大的风险，日本"肯定列表制度"对山东蔬菜出口贸易的冲击仍旧记忆犹新；近年来，韩国也采取了一系列保护本国农业的政策，包括高峰关税、关税配额、农产品特别保障措施、卫生与植物卫生措施等对山东蔬菜出口贸易影响也是非常巨大的。由此可见，出口贸易遭受到贸易壁垒、金融风险等不可控外部环境因素的影响和制约，而过度集中于某个国家或者区域的出口贸易在面对这些不可控外部风险时往往难以及时化解风险，而承受巨大的经济损失。反过来，当出口贸易严重受挫时，往往造成出口整体规模迅速萎缩，反而破坏了已经形成的贸易规模化格局。

基于上述分析，提出以下几点建议：①有效解决土地细碎化问题是解决蔬菜生产规模化问题的关键。土地细碎化主要表现在农户在村庄内不同级差地租的区域拥有多块土地，或者村庄内同一级差地租的区域土地被不同农户所分割占有。土地细碎化是人口稠密条件下家庭式分割生产方式的必然结果，相对于大规模农业生产而言，这种生产方式对于生产效率的提高起到的负面作用越来越大。在当前情况下，强制性或者自愿性地要求一部分农户放弃承包土地的产权都是不合理合法的，是不现实和不具有可操作性的。建议：农户以承包的土地作为股份入股的方式整合细碎化的土地分配格局；成立"土地股份公司"或者"土地合作社"等组织，整合后的土地资源由这一土地合作组织统一分配使用，用于大规模蔬菜生产，再扣除各项成本费用损失税金等支出以及提取一定的风险准备金后，蔬菜生产的收益按照土地入股的比例进行分红。农户通过自愿的方式入股，协议期内农户不能随意将入股土地收回。为降低农户风险，土地合作组织应该将蔬菜种植等活动纳入农业保险。②重视国内市场蔬菜的需求，大力发展东南亚国家蔬菜的出口贸易，是解决贸易规模化问题的关键。随着我国居民收入和生活水平的提高，国内市场对于蔬菜需求的数量和品质的要求和国外高收入国家的距离不断缩小，庞大的国内市场需求始终都是山东蔬菜产业发展最基本的前提条件。因此，山东蔬菜产业贸易规模化必须国内、国际两个市场同时重视，按照国际市场对于蔬菜产品的要求从严生产，以高品质和多样化的产品来获得国内市场的高度认同，进而在与国内其他蔬菜省份的竞争中立于不败之地。相对于国际贸易，山东蔬菜在国内市场上同样具有区位、交通等方面的巨大优势，尽管国内各省区居民收入的层次有所差距，对蔬菜品种结构、质量水平和深加工程度等需求条件存在不同的要求，但国内市场流通的相对便利性所节省的成本是可以抵消居民收入水平的高低，是可以保证蔬菜产品的"物美价廉"的。面对差异化的国内市场需求条件，山东蔬菜产业采取的差异化策略并非产品品质的差异化，而是以占领市场为竞争目的的价格差异化策略，即在高收入地区采取相对高价的销售策略，在低收入地区采取相对低价的销售策略,而成本费用可以通过价格差进行有效的弥补,这样的策略有助于山东蔬菜在国内市场上贸易的规模化目标实现。对于国际市场的蔬菜贸易,山东蔬菜出口必须改变目前过度集中于日本和韩国等东亚国家的现状,分散蔬菜贸易过于集中的风险,规避诸如日本"肯定列表制度"等贸易壁垒的打击。从目前的贸易格局情况来看,可以考虑进一步拓展东南亚国家的蔬菜出口贸易。主要的原因有:一是相对于其他欧美国家而言,东南亚国家的地理位置和交通便利化程度相对比较高,便于山东蔬菜作为目的地出口;二是东南亚国家的收入水平和我国居民的收入水平相距不大,可以比照我国国内市场营销策略安排这些国家的市场销售策略;三是同属亚洲国家的东南亚诸国的居民饮食习惯,特别是对于蔬菜产品的消费习惯和我国南方居民基本相同,便于山东蔬菜出口对于品种结构的搭配;四是《中华人民共和国与东南亚国家联盟全面经济合作框架协议》项下"早期收获"方案,我国列入"早期收获"方案的产品出口到东盟10国,其中就包括蔬菜产品,可以享受到关税优惠待遇。总之,规避过度集中的出口目的地国家,不仅可以有效规避出口贸易风险,而且可以有效地提高山东蔬菜产业出口贸易的规模化程度。

5.2.2 质量保障策略

近年来,各种农产品(食品)不安全事件不断发生,不仅造成人民生命健康权益的损害,也带来了严峻的社会问题。农产品质量安全问题的成因、演变和影响是复杂、动态和持续的,这决定了农产品质量安全工作的系统复杂性。而保障农产品质量安全工作的核心内容,是沿产品甚至是整个产业链条进行的全过程控制,简单地讲,就是从"田间"到"餐桌"整个流程的全过程质量安全的控制。在整个控制过程中,技术因素表现得最为活跃。从宏观层面来看,技术因素是推动农业经济健康和可持续高速增长的关键;从微观层面来看,技术是农户、企业等微观经济主体创造价值和维持竞争力的源泉。在完整的控制体系中,农户的质量安全控制能力和意愿是决定整个控制体系有效的核心,农户对于农产品质量安全的忽视以及产生的逆向选择问题,将影响整个控制过程的成功或失败,而这种影响往往是不可逆的。因此,从源头(农户)进行农产品质量安全控制,解决初级农产品生产过程中的质量安全问题,是解决目前农产品质量安全问题的最根本性的问题。作为农业生产的最基本单元,农户对于质量安全技术的选择,又是进行"源头控制"的基本手段。

从广义的角度理解，所谓技术选择是经济主体作为独立的决策者为了实现一定的收益目标，在各种客观条件的制约下，对各种技术路线、方针、措施进行比较分析，选取最优方案的决策过程；而技术选择的困境是阻碍决策的、具有诱质性的客观因素及其可能带来的负面结果。从狭义的角度理解，农户的技术选择主要指有利于农产品质量安全提升，进而增加农户和其他社会成员福利的技术措施的选择，即较为先进的农业生产技术措施的选择；而农户技术选择的困境是指从农业技术推广开始就存在农户可能不引进新技术的问题，技术选择困境主要是市场机制失效的结果。农户对于质量安全技术的选择行为包含两个方面的问题，一方面是农户选择的具体技术水平，另一方面是农户选择技术的意愿。这两个方面是相辅相成的，只有意愿而选择的技术水平较低是不可能产生明显的改善效果的，或者没有选择技术的意愿，高技术水平也不可能发挥任何作用。由此可见，农户对于农产品质量安全技术的选择行为是选择意愿前提下进行的较高技术水平的甄别。农户的理性选择，其带来的收益并不局限于农户自身，而是会进一步扩散到农户所在区域，乃至整个农业经济的规模收益。

农户的技术选择行为受到"免费搭车行为"、规模不经济、信息不对称等多种不利因素的影响，产生技术选择的困境。第一是技术推广过程的困境，新的农业技术的推广工作主要是由政府进行，某项新的农业技术在推广过程中难以实现"排他性"和"竞争性"。因此，技术具有了公共产品（准公共产品）的属性，农户技术的选择过程中具备了"免费搭车"的前提条件，最终使得技术推广陷入困境，新技术不被农户所引进。第二是技术扩散中的困境，即使政府完成了新技术推广的任务（在部分农户中间推广完成），要实现农产品质量安全的目标，新技术需要在农户间进行一定程度的转移和扩散。在政府完成其新技术推广任务后，新技术不再具备公共产品的特征，农户之间的技术扩散具有私人物品的性质。然而，由于生产者（农户）与消费者之间的规模不经济、信息不对称等因素，农户同样会面临技术选择的困境。譬如，在技术既定情况下，随着使用新技术的农户数量越多，农户所获得的利润越低，呈现出规模不经济的现象，这势必阻碍农户扩大和采用新技术；在买卖双方信息不对称的情况下，由于卖方（生产者）在农产品质量安全方面的信息多于买方（消费者），市场上充斥着好坏两种质量的农产品，在消费者难以辨识的情况下，买方为维护自身权益，理性的选择就是按照市场的平均价格判断平均质量，极端情况下按照"坏"产品的价格进行市场选择最终造成"劣币驱逐良币"的现象；而对于理性的生产者（农户）

来讲，面对这样的市场交易环境，最优的策略就是不引进有助于提高农产品质量安全及收益的新技术，而是继续引进传统技术进行生产，甚至故意选择更加不安全的技术，如常见的过量使用农药等行为，这是信息不对称而导致的典型的"逆向选择"。

通过上述分析，一方面，在农产品生产和流通的过程中，农户选择质量安全的生产技术是农户生产优质安全农产品的重要前提条件；另一方面，农户进行技术选择具有复杂性特征，农户作为生产者和质量安全技术需求者，现实中农户经营"免费搭车"行为、规模不经济、信息不对称等因素共同造成了农户质量安全技术引进动力不足，产生了技术选择的困境，影响了农产品质量和社会福利水平。第一，农产品质量作为经济变量双向作用于农产品的供给和需求。引进先进的技术提高农产品质量安全是需要增加成本的，对于生产者（农户）而言，提供给市场相同数量的产品必然索要更高的市场价格。实际的情况是，随着农产品质量的提高，理性的消费者也是愿意支付更高的市场价格进行安全消费的，新的市场均衡价格一定高于原来的市场均衡价格。因此，农产品质量作为重要的经济变量，应该被显化而不是被隐藏或者忽略。从一定时期来考察，农户选择较为先进的农业技术所产生的利益与农产品质量安全的目标实现是正向一致的关系。第二，提高技术水平的高低是相对而言的，不同区域经济发展水平以及所对应的技术水平相差较大，所谓技术水平的提高往往不能在进行不同条件下的农户之间进行纵向的比较，而只能进行同等条件下的横向比较。因此，技术选择的价值判断通常会以同等经济发展水平以及技术条件为前提。第三，农户的技术选择行为受到多种不利因素的影响。如前述"免费搭车"行为、规模不经济、信息不对称等因素，这些因素共同造成了农户质量安全技术引进动力不足，产生农户技术选择的困境。农户的理性选择并非可以使质量安全技术得到最有效的利用，所以必须辅之以相应的矫正措施，提高农户使用质量安全技术的预期收益，抑制农户的机会主义行为，使质量安全技术能够推广使用，最终实现农产品优质高效和农民增收、区域经济增长的多赢局面。

针对蔬菜产业的具体情况，蔬菜质量安全的核心问题是农药、重金属含量和腌制蔬菜中的硝酸盐、亚硝酸盐等物质的超标。特别是蔬菜种植过程中，由于农药质量较差或者是农药施用不当造成的农药残留物超标问题。确保蔬菜产品质量安全的常规性工作主要是加大市场蔬菜产品检疫检测工作。向菜农积极推广农药残留速测技术，菜农通过快速自检，及时调整农药的施用数量以及农药的品种，确保顺利地跨越市场安全准入门槛；各级政府应建立市场蔬菜产品的质量检测机构，加大资金投入引进先进的检测设备和技术，确保市场蔬菜产品的安全性。

根本性地解决蔬菜产品的质量安全问题还在于质量安全技术的应用和推广，主要是大力推广以现代生物技术为主体的生物有机肥的科学施用技术，以取代目前的相对高毒高残留的农药产品的施用。应该从微观经济主体农户如何克服技术选择困境的角度，重新审视如何加强农产品包括蔬菜产品的质量安全问题。主要的建议是：第一，政府在农业技术推广过程中，逐步改变过去向单个农户直接推广的办法。因为直接向单个农户推广，由于新技术公共产品的特征，不直接从政府引进新技术的农户易于获得来自其他农户技术外溢的收益，"免费搭车"难度较小，这反而不利于新技术的推广。如果政府通过农业合作组织或其他专业组织间接向组织内部成员推广新技术，能够弱化新技术"非排他"、"非竞争"的公共产品属性，能够有效地避免"免费搭车"行为。第二，在技术既定不变的情况下，规模不经济将导致农户利润在某一临界值之后不断下降。从技术更新的动态性角度来看，农户选择较为先进的农业技术所产生的利益与农产品质量安全的目标实现是正向一致的。由此可见，解决规模不经济问题的根本还在于继续鼓励农业科技创新，积极推广先进的农业科技，鼓励农户引进更为先进的科技成果。第三，农产品市场的"柠檬化"特征是价格传递的经济信息的失真，必然诱致农户逆向选择行为。而解决"柠檬市场"和逆向选择问题的主要途径是建立农产品质量安全的信息披露制度，包括技术信息的披露制度。发布信息的平台是多元的，譬如各类行业协会、消费者协会、新闻机构以及农业合作组织等。通过向社会公布农产品质量安全的各类检测、检查以及新技术使用信息，使生产者和消费者之间理性的经济行为真正回归到真实的经济信息中，同时，扭曲的价格得以矫正。

5.2.3 政府支持策略

蔬菜产业既是关乎民生的重要产业，也是具有弱质性特征非常明显的产业，需要政府的扶持。蔬菜和粮食一样，是人们生活的必需品，蔬菜供应数量是否充足、质量是否安全有保障，最终都会以蔬菜价格波动以及外部效应扩散的形式反映出来，而保证价格的稳定和外部性问题单纯依赖市场自身的力量是无法得到完全有效解决的，必须依靠政府力量的合理介入。蔬菜问题绝对不是"小菜一碟"

的小事,而是关系到"菜贵伤民"和"菜贱伤农"的重大民生问题,是长期以来市长负责的"菜篮子工程"的主旨由来。农业产业包括蔬菜产业自身具有许多弱质性的特征,譬如,蔬菜生产受限于土地面积、土壤条件、气候条件、水资源分布等自然因素的制约较大;农产品包括蔬菜产品价格与工业产品价格的长期倒挂难题;农业从业人口密集与农业用地资源相对稀缺的难解矛盾等方面,这些弱质性特征导致了农业产业包括蔬菜产业的弱势性地位,而产业的可持续发展离不开政府的扶持,这在全世界各个国家的情况基本上是相同的。

在农业产业包括蔬菜产业的可持续发展中,政府的角色不可或缺与不可替代。波特关于产业竞争力的理论中,政府的角色主要是提供产业发展所需要的外部环境,主要包括人才、资金、技术和制度等方面的基本保障。当前,服务型政府的理念要求市场经济条件下政府的角色应该由原来的管理型向服务型转变,其角色的基本定位是:政府是国有资产的出资者、重大产业政策的制定者、公共利益的保障者和管理者。在激烈的市场竞争中,服务型政府应该充分发挥产业可持续发展的扶持之手的作用;在山东蔬菜产业的可持续发展过程中,政府的作用是提供财税政策的支持、加快蔬菜产业人才的培养工作、加快蔬菜产业结构的调整、加快蔬菜产品的标准化体系建设、加快蔬菜产业的文化建设等。

对于进行大规模蔬菜基地建设,特别是设施蔬菜建设而言,蔬菜生产所需的资金投入是比较大的。作为基本生产要素的资金保障,直接关系蔬菜种植的品质和规模,而在以家庭为单位分割式的生产方式下,完全依赖单个家庭的收入来负担蔬菜生产所需的资金投入是非常困难的,因此,资金来源渠道的多元化至关重要。根据调研,目前菜农的主要资金来源有4个方面的途径:家庭收入、民间借贷和金融机构贷款、财政支持。根据寿光的调研,菜农家庭依靠种菜的收入3万~8万元,而温室大棚的造价是每亩5万~10万元,普通大棚造价在0.7万~1万元,通常大棚使用的期限为5年,年均摊温室大棚1万~2万元、普通大棚0.25万~0.4万元,仅仅是每亩大棚投入占到菜农家庭年收入的6%~25%,因此,单纯依靠家庭收入投入资金是比较困难的。民间信贷方式是极少数菜农选择的融资渠道,通常是个人之间的信贷。民间信贷非常容易产生经济纠纷,演化成名副其实的高利贷放款,对菜农而言风险极大。大部分菜农选择的融资渠道是向金融机构贷款,主要寻求的是无抵押低利息的小额贷款。目前主要从事涉农小额信贷业务的金融机构是农村信用社、邮政储蓄银行、小额信贷公司和村镇银行;据统计,山东农村信用社近3年累计向30多万农户发放小额贷款50亿元,占农户总数的近90%。基于此，政府应通过各种渠道支持上述金融机构开展面向农户的小额信贷业务，建议地方政府筹措资金对金融机构农业类的小额信贷业务亏损进行财政贴息；根据财政部和国家税务总局的有关规定，对涉农贷款减免有关税收。除此之外，政府也积极筹措财政资金对蔬菜种植基地进行扶持。譬如，按照《山东2013年"菜篮子"产品生产果菜项目实施方案》，中央财政对一批资质较好、规模较大的设施或者露天蔬菜种植基地进行了专项财政补贴，按照"先建后补"方式对集中连片，且每个设施蔬菜基地200亩以上，每个露天蔬菜基地1000亩以上的种植基地进行50万元的补助。

品质化要求越来越多掌握专业化的蔬菜种植业知识和技能的人才。作为蔬菜种植大省的山东，蔬菜产业继续保持"龙头"地位的关键在于蔬菜产业的规模化和产品质量的高标准要求，而上述目标的实现关键在于种植者（农户）的专业化水准，而农业技术培训是提高种植者（农户）专业化水平的基本路径。事实上，农业技术培训是WTO国内农业支持政策中非常重要的"绿箱政策"，山东在进行农民专业化培训方面也投入了大量的财政资金，如"阳光工程"、农业科技培训等各类针对农民专业化素质的培训活动。基于此，针对蔬菜产业，可以考虑将培训与蔬菜种植上岗挂钩，即实现蔬菜种植持证上岗制度。具体的设想是，对于种植规模达到一定标准的蔬菜生产农户，强制性要求进行岗前培训并参加专业技能的考核，培训费用和考核费用由财政支付；只有专业技能考核达标的生产户才允许大规模种植，否则，限制其蔬菜种植规模。显然，将培训与蔬菜种植上岗紧密挂钩将能保障培训工作的实施效果。

蔬菜产业结构的调整，单一依赖农户、企业是难以完成的，只有地方政府积极介入，才能整合产业链中不同形式的产业组织。譬如，政府牵头的"龙头企业+农户"的蔬菜合作社组织等；整合后而形成的新的复合型产业组织能够提高蔬菜产品供给与蔬菜产品市场需求的契合度，根据市场需求不断调整蔬菜种植结构和企业产品结构，有效完成了产业结构的升级转型。当前，山东蔬菜产业结构中比较突出的矛盾还体现在：产业链条中处于中下游的蔬菜加工企业发展相对较弱，以出口为例，近年来出口的蔬菜仍旧以保鲜蔬菜为主，蔬菜汁、调理加工蔬菜等深加工产品数量较少，与国外相比，山东蔬菜加工率仅在5%左右，而国外发达国家的蔬菜加工率一般在50%以上，山东蔬菜加工的整体规模与国外还有相当大的差距；蔬菜加工企业能获得"龙头企业"称号的为数不多，蔬菜加工企业仍旧呈现小型化及家庭作坊式的特征；蔬菜加工企业产品的差异化程度不大，产品雷同而造成内部恶性竞争的状况依然没有改观。基于此，政府以国有资产出资者的身份注资兴办大型的蔬菜加工企业是迫切的；政府应及时准确地提供蔬菜市场的供求信息也是迫切的。

加强标准化工作，鼓励企业获得第三方质量认证是政府推动质量安全工作的基本路径。参照国外发达国家的标准，政府质检部门应尽快制定详细和统一的蔬菜产品质量技术标准，用以指导蔬菜种植、加工以及产品销售工作。同时，鼓励蔬菜企业获得第三方认证，主要包括 GMP（良好食品生产规范）、HACCP 认证、ISO9000 认证以及 ISO14000（环境管理体系）认证等，通过这些认证，维护和提升山东蔬菜的诚信度和知名度。

山东蔬菜种植历史悠久，当前竞争力优势明显，已经成为一个重要的区域品牌。而区域品牌的塑造、强化势必要通过其区域人文文化的内在力量。任何品牌塑造的成功与否，关键在于其品牌是否反映了其内在的思想文化主题，这一主题是否具有与众不同的特质，通过与消费者的情感沟通，最终能否达到消费者的认可、青睐以及忠诚。而对于品牌的塑造、传达和维护是政府义不容辞的责任。山东蔬菜产业可以利用所在地区历史形成的优势，通过文化塑造区域品牌。以寿光蔬菜为例，当地政府以过硬的蔬菜品质为基础，以国际蔬菜博览会为平台，有效地进行了寿光蔬菜绿色、健康、自然和时尚的品牌宣传，将寿光蔬菜所代表的独特文化内涵注入其产品以及整体经营过程之中，将一种全新的生活方式植入消费者的心灵之中，从而使消费者获得物质和精神的双重满足，最终赢得顾客对寿光蔬菜品牌的信赖与忠诚。

5.3 小　结

（1）山东蔬菜产业竞争力的主要影响因素。

从"钻石模型"诸要素的角度出发，结合山东蔬菜产业的具体情况，总结了山东蔬菜产业竞争力形成的主要影响因素。山东蔬菜从 20 世纪 80 年代中后期以来，基本形成了规模化、专业化、商品化和特色化的生产模式，山东设施蔬菜普及以及特色蔬菜种植的规模化揭示了其产值、产量优势的重要原因；科技进步既能使山东蔬菜产业实现"以量取胜"，也能完成从量变到质变，最终实现"以优取胜"的升级。山东蔬菜产业在科研方面取得了许多具体的研究成果,并进行了推广应用,取得了较好的效果。以市场为导向,依托区位优势和立体化交叉的水陆空交通网络,形成了优势产业带为生产基地,辐射全国市场的蔬菜等农产品物流一体化体系;以青岛港为龙头的沿海港口群是山东蔬菜产业出口贸易的主要依赖,加上与日本、韩国等主要出口地隔海相望,地理位置得天独厚,形成了以对日韩等亚洲国家市场为主的蔬菜等农产品物流一体化体系。随着国内市场条件的改善,山东蔬菜产业的发展不仅要着眼国际市场,也要更加重视国内市场,不仅要重视国内市场上提供蔬菜产品的数量,更要按照国际市场的高标准、高要求重视国内市场蔬菜产品的品质和质量的提升,最终做到内外市场的一体化。农业信息技术及信息化过程,深刻地影响了农业产业化发展以及农业组织形式的创新,也是推动蔬菜产业不同组织形式整合,特别是推动产业一体化的主要推手。

(2) 山东蔬菜产业可持续发展的策略。

蔬菜产业的可持续发展目标和维持较高水平的竞争力是相互正向关联的,可持续发展是产业维持竞争优势的前提和基础,而产业维持一个较高程度的竞争力水平又是实现产业可持续发展目标的标志和基本手段。山东蔬菜产业可持续发展的主要策略:第一,产业规模化策略。我国的国情与欧美国家不同,产业的发展首要的应该依托于庞大的国内市场,在此基础上,进一步开拓国外广阔的市场空间;产业的规模化是依赖于庞大的内需市场的,规模化的市场必然决定了只有蔬菜产业的生产规模化和贸易规模化才能保持其竞争力优势。当前,在生产规模化方面,山东蔬菜产业存在的最主要的问题仍旧是以家庭为单位的分割式生产方式为主;在贸易规模化方面存在的主要问题是:其一,内外市场蔬菜品质差距较大,造成内需市场产品同质化的激烈竞争,影响了其规模化发展;其二,由于出口贸易蔬菜流向过于集中亚洲相邻国家,出口风险较大。第二,质量保障策略。农产品质量安全作为重要的经济变量,事关区域经济社会可持续发展、农户的收益以及消费者的健康;农户对于农业技术的选择,是进行农产品质量安全控制的基本手段,先进的农业技术所产生的利益与农产品质量安全的目标实现是正向一致的关系。农户的技术选择行为受到"免费搭车"行为、规模不经济、信息不对称等多种不利因素的影响,产生技术选择的困境;应克服技术选择的困境,不断提高技术的预期收益,最终实现农产品优质高效和农民增收、区域经济增长的多赢局面。第三,政府支持策略。在农业产业包括蔬菜产业的可持续发展中,政府角色不可或缺与不可替代。波特关于产业竞争力的理论中,政府的角色主要是提供产业发展所需要的外部环境,主要包括人才、资金、技术和制度等方面的基本保障;在山东蔬菜产业的可持续发展过程中,政府的作用是提供财税政策的支持、加快蔬菜产业人才的培养工作、加快蔬菜产业结构的调整、加快蔬菜产品的标准化体系建设、加快蔬菜产业的文化建设等。

参考文献

［1］Catherine Dolan, John Humphrey and Carla Harris – Pascal. Horticulture Commodity Chains: The Impact of the UK Market on the African Fresh Vegetable Industry ［R］. IDS Working Paper, 1999.

［2］John Humphrey and Antje Oetero. Strategies for Diversification and Adding Value to Food Exports: A Value Chain Perspective ［R］. United Nations Conference on Trade and Development, Nov. 14, 2000.

［3］福田康夫. 蔬菜的国际比较 ［M］.日本筑波书房，1996.

［4］安玉发，森尾昭文. 尚缺真正利益共同——中国蔬菜对日出口渠道分析 ［J］.国际贸易，2001（9）：40 – 43.

［5］小林康平，福井清一，诸冈庆升等. 体制转换中的农产品流通体系（中文译本）［M］.北京：中国农业大学出版社，1998.

［6］Adams R. M., B. A. McCarl, L. O. Mearns. The Effects of Spatial Scale of Climate Scenarios on Economic Assessments: An Example from US Agriculture ［M］. Chicago: American Library Association, 2003.

［7］Alden, Richard F., Michael J. Shockro. Preferential Assessment of Agricultural Lands: Preservation or Discrimination ［J］. Southern California Law Review, 1968 （4）：59 – 69.

［8］Adger W. N. Social Vulnerability to Climate Change and Extremes in Coastal Vietnam ［J］. World Development, 1999（2）：249 – 269.

［9］Arrhenius S. On the Influence of Carbonic Acid in the Air upon the Temperature of the Ground ［J］. The London Magazine and Journal of Science, 1969（9）：23 – 27.

[10] Alwin D. F. , J. A. Krosnick. The Measurement of Values in Surveys: A Comparison of Ratings and Rankings [J]. Public Opinion Quarterly, 1985 (9): 535 –552.

[11] Amerine M. A. , E. B. Roessler. Wines: Their Sensory Evaluation [M]. Chicago: American Library Association, 1976.

[12] Atkinson, Hammersley. Ethnography and Participant Observation [M]. New York: SAGE Publications, 1994.

[13] Bogdan R. C. , S. K. Biklen. Qualitative Research Methods in Education: An Introduction to Theory and Methods [J]. Allyn & Bacon, 1992 (6): 38 –43.

[14] Berkhout, F. M. Leach, I. Scoones. Shifting Perspectives in Environmental Social Science [M]. UK: Edward Elgar Publishing Limited, 2003.

[15] Broder J. M. , Obama Affirms Climate Change Goals [N]. New York Times, 2008 –11 –19 (7).

[16] Bergqvist, J. N. Dokoozlian, N. Ebisuda. Sunlight Exposure and Temperature Effects on Berry Growth and Composition of Cabernet Sauvignon and Grenache in the Central San Joaquin Valley of California [J]. American Journal of Enologyand Viticulture, 2001 (1): 1 –7.

[17] Berkhout, F. J. Hertin, A. Jordan. Socio – economic Futures in Climate Change impact Assessment: Using Scenarios as "Learning Machines" [J]. Global Environmental Change, 2002 (12): 83 –95.

[18] California Agricultural Statistics Service. Grape Crush Report [R]. California Department of Food and Agriculture, 2007.

[19] Cash D. W. , S. C. Moser. Linking Global and Local Scales: Designing Dynamic Assessment and Management Processes [J]. Global Environmental Change, 2000 (10): 109 –120.

[20] Cayan, Maurer M. D. , Dettinger, M. Tyree, K. Hayhoe. Climate Change Scenarios for the California Region [J]. Climatic Change, 2008 (Suppl 1): 21 –42.

[21] Doniger, Herzog, D. A. Lashof. An Ambitious, Centrist Approach to Global Warming Legislation [J]. Science, 2006 (14): 764 –767.

[22] Easterling, N. Chhetri, X. Z. Niu. Improving the Realism of Modeling Agronomic Adaptation to Climate Change: Simulating Technological Substitution [J]. Climat-

ic Change, 2005 (2): 149 – 173.

[23] Feder, D. L. Umali. The Adoption of Agricultural Innovations: A Review [J]. Technological Forecasting and Social Change, 1993 (4): 215 – 239.

[24] Fairhead, M. Leach. Misreading the African Landscape: Society and Ecology in a Forest – Savanna Mosaic [M]. Cambridge University Press, 1996.

[25] Glaser B., A. Strauss. The Discovery of Grounded Theory [M]. Chicago: Aldine Publishing, 1967.

[26] Haeger J. W., K. Storchmann. Prices of North American Pinot Noir Wines: Climate, Craftmanship, Critics [J]. Agricultural Economics, 2006 (5): 67 – 78.

[27] Intardonato. Solar Economics: Current Economics are Favorable but Fading Government Incentives and Rising Prices of Panels Concern the Industry [J]. Wine Business Monthly, 2008 (11): 68 – 72.

[28] Kohn M. L. Class and Conformity: A Study of Values [M]. Chicago: University of Chicago Press, 1977.

[29] 何启伟, 周绪元, 焦自高, 王秀峰, 李庆典. 提高山东蔬菜产品竞争力的思路与对策 [J]. 中国蔬菜, 2006 (2): 1 – 3.

[30] 刘玉萍, 张明娜. 入世后我国蔬菜产业面临的形势及对策 [J]. 中国蔬菜, 2002 (1): 1 – 3.

[31] 李正明. 再论我国蔬菜出口现状及策略 [J]. 国际经贸探索, 2003 (1): 77 – 80.

[32] 刘雪, 傅泽田, 常虹. 我国蔬菜出口的显示性对称比较优势分析 [J]. 农业现代化研究, 2002 (5): 369 – 373.

[33] 陈云. 我国蔬菜出口贸易的现状、障碍和对策 [J]. 农业经济, 2003 (8): 17 – 19.

[34] 李东升. 引导日韩投资, 增强山东蔬菜产业国际竞争力 [J]. 环渤海经济瞭望, 2004 (2): 15 – 18.

[35] 杨锦秀. 中国蔬菜产业国际竞争力的经济学分析 [D]. 西南财经大学博士论文, 2005.

[36] 扈立家, 李天来, 唐雪漫. 我国蔬菜产品竞争力研究 [J]. 农业经济, 2006 (2): 23 – 24.

[37] 李东升. 区域产业竞争力中的政府行为: 以山东蔬菜产业为例 [J].

改革,2006 (6): 37-42.

[38] 赵海燕,严奉宪. 中国蔬菜出口渠道模式的比较分析 [J]. 湖南农业科学,2005 (4): 71-73.

[39] 陈永福.2015年日本蔬菜进口展望 [J]. 农村·社会·经济,2000 (1): 29-36.

[40] 赵海燕,赵立,易法海. 世界蔬菜贸易特征的动态分析 [J]. 世界农业,2003 (3): 23-25.

[41] 陈永福,魏荣. 世界蔬菜贸易竞争力与产业内贸易分析 [J]. 中国农村经济,2005 (4): 59-72.

[42] 叶云. 山东蔬菜出口个中问题 [J]. 中国经贸画报,2000 (1): 49-51.

[43] 郑卫欣. 农产品出口如何应对国外技术性贸易壁垒的挑战 [J]. 经济工作导刊,2003 (12): 34-36.

[44] 尹肖妮. 山东蔬菜出口遭遇技术贸易壁垒的原因及对策分析 [J]. 经济师,2004 (5): 243-245.

[45] 何启伟. 山东省出口蔬菜发展现状及对策建议 [J]. 山东蔬菜,2005 (1): 2-3.

[46] 何启伟. 技术上的标准化与可行的组织模式相结合是确保出口蔬菜质量的关键 [J]. 中国蔬菜,2005 (5): 2-3.

[47] 曹菲菲. 山东蔬菜产业如何面对绿色贸易壁垒 [J]. 经济论坛,2006 (14): 20-21.

[48] 李东升. 蔬菜出口亟待提升出口竞争: 以对日出口为例 [J]. 对外经贸实务,2004 (5): 9-11.

[49] 迈克尔·波特. 国家竞争优势(中文译本)[M]. 北京: 华夏出版社,2002.

[50] 迈克尔·波特. 竞争战略(中文译本)[M]. 北京: 华夏出版社,1997.

[51] 迈克尔·波特. 竞争优势(中文译本)[M]. 北京: 华夏出版社,1997.

[52] 山东省农业厅. 山东蔬菜种植情况简介 [EB/OL]. (2012-01-03) [2014-09-20]. http://www.sdny.gov.cn.

[53] 马弘. 从比较优势到竞争优势: 上海经济发展定位 [J]. 上海经济研究,2003(6): 41-51.

[54] 山东省农业厅. 山东蔬菜加工企业的情况简介 [EB/OL]. (2012-06-05) [2014-03-20]. http://www.sdny.gov.cn.

[55] 黄祖辉. 产业竞争力的测评方法 [J]. 浙江大学学报, 2002 (7): 146.

[56] 张吉国. 中国蔬菜产品国际竞争力实证研究 [J]. 农业经济问题, 2006 (5): 19-28.

[57] 张洪元. 中国出口产品竞争力的统计分析 [J]. 国际经贸探索, 1999 (6): 30-32.

[58] 陈云. 中国蔬菜产业出口竞争力的实证分析 [D]. 华中农业大学硕士学位论文, 2003: 32.

[59] 董佑福. 从寿光看山东设施农业的发展 [J]. 农机推广与安全, 2006 (11): 9-11.

[60] 王旭. 山东蔬菜出口贸易现状及对策分析 [D]. 山东农业大学硕士学位论文, 2006: 8-10.

[61] 于仁竹. 山东蔬菜产业的组织研究 [D]. 山东农业大学博士学位论文, 2005: 43.

[62] 郑焕芹. 山东蔬菜出口贸易问题研究 [D]. 四川农业大学硕士学位论文, 2005: 35.

[63] 赵英明. 2006年山东将加大财政对"三农"补贴力度 [N]. 济南日报, 2006-03-30.

[64] 魏好勇. 山东邮政质押贷款覆盖全省 [N]. 中华工商时报, 2006-12-28.

[65] 王志. 山东启动新型农民科技培训计划 [N]. 山西农民报, 2006-09-22.

[66] 张战利. 陕西省设施蔬菜药害发生现状及预防对策 [J]. 陕西农业科学, 2007 (1): 108-111.

[67] 朱智强, 张平. 烟台的资源禀赋优势与产业发展 [J]. 山东工商学院学报, 2005 (6): 77-79.

[68] 侯雁. 贸易自由化条件下企业营销行为的世贸组织导向 [J]. 国际商务, 2006 (11): 9-11.

[69] 陈永红. 食物安全管理理论与政策研究 [M]. 北京: 中国农业科学技术出版社, 2007: 67.

[70] Rogers E. M. Diffusion of Innovations [M]. Third Edition, New York: The Free Press, 1982.

[71] Nelson. Information and Consumer Behavior [J]. Journal of Political Economy, 1970 (81): 729–754.

[72] Leggesse David. Analysis of Technological Adoption in Ethiopian Agriculture [J]. Journal of Agricultural Economics, 2004 (3): 613–631.

[73] Lee, L. K., W. H. Stewart. Land Ownership and the Adoption of Minimum Tillage [J]. Amer. J. Agr. Econ, 1983, 65: 256–264.

[74] Doss, Cheryl R. Analyzing Technology Adoption Using Microstudies: Limitations, Challenges, and Opportunities for Improvement [J]. Agricultural Economics, 2006 (5): 207–219.

[75] 杨大春. 农民接受新技术的心理障碍 [J]. 农业经济问题, 1990 (10): 62–63.

[76] 黄少安, 刘明宇. 农地制度对生产技术的选择效应 [J]. 制度经济学研究, 2006 (4): 51–60.

[77] 韩青, 谭向勇. 农户灌溉技术选择的影响因素分析 [J]. 中国农村经济, 2004 (1): 65–69.

[78] 杨丽. 农户技术选择行为研究综述 [J]. 生产力研究, 2010 (2): 245–247.

[79] 周艳波, 董鸿鹏. 基于农产品质量安全下的农户技术选择行为研究 [J]. 农村经济, 2008 (1): 16–17.

[80] 徐晋, 廖刚, 陈宏民. 多寡头古诺竞争与斯塔尔博格竞争的对比研究 [J]. 系统工程理论与实践, 2006 (2): 49–53.

[81] 杨万江. 食品质量安全生产经济: 一个值得深切关注的研究领域[J]. 浙江大学学报（人文社会科学版）, 2006 (6): 136–144.

[82] 何浩然, 张林秀, 李强. 农民施肥行为及农业面源污染研究 [J]. 农业技术经济, 2006 (6): 2–10.

[83] 张锋, 胡浩. 农户化肥投入行为与面源污染问题研究 [J]. 江西农业学报, 2012 (1): 183–186.

[84] Griffin R. C., Bromley D. W. Agricultural Run off as a Nonpoint Externality: A Theoretical Development [J]. American Journal of Agricultural Economics, 1982

(3): 547-552.

[85] 周立华, 杨国靖, 张明军. 农户经营行为与生态环境的研究 [J]. 生态经济, 2002 (9): 29-31.

[86] 冯孝杰, 魏朝富, 谢德体. 农户经营行为的农业面源污染效应及模型分析 [J]. 中国农学通报, 2005 (12): 354-358.

[87] 冯孝杰, 张彭成, 谯华. 三峡库区农户经营规模与农业面源污染的关系研究 [J]. 后勤工程学院学报, 2008 (2): 98-101.

[88] 汪厚安, 叶慧, 王雅鹏. 农业面源污染与农户经营行为研究——对湖北农户的实证调查与分析 [J]. 生态经济, 2009 (9): 87-91.

[89] 秦军. 影响农户选择农药使用技术的因素分析 [J]. 河南农业科学, 2011 (4): 6-9.

[90] 陈强. 高级计量经济学及 Stata 应用 [M]. 北京: 高等教育出版社, 2010: 146-165.

[91] Aschauer D. Is Government Spending Productive [J]. Journal of Monetary Economics, 1989 (23): 177-200.

[92] Munnell A. Infrastructure Investment and Economic Growth [J]. Journal of Economic Prespective, 1992 (6).

[93] Gramlich E. Infrastructure Investment: A Review Essay [J]. Journal of Economic Literature, 1994 (32).

[94] 龚六堂, 邹横甫. 政府公共开支的增长和波动对经济增长的影响 [J]. 经济学动态, 2001 (9): 58-63.

[95] 郭庆旺, 吕冰洋, 张德勇. 财政支出结构与经济增长 [J]. 经济理论与经济管理, 2003 (11): 5-12.

[96] 张颖. 财政支出结构对经济增长影响的实证检验 [J]. 郑州大学学报, 2012 (1): 81-84.

[97] 杨伊. 经济增长条件下江西省最优财政支出结构研究 [J]. 企业经济, 2014 (1): 171-175.

[98] 齐福全. 地方政府财政支出与经济增长关系的实证分析——以北京市为例 [J]. 经济科学, 2012 (1): 5-15.

[99] 郝春燕. 不断完善规模化生产模式 逐步提高蔬菜产品质量 [J]. 上海蔬菜, 2010 (3): 4-6.

[100] 王景红. 国内外的蔬菜物流特点及其经验借鉴 [J]. 价值工程, 2012 (29): 26-27.

[101] 郭臻, 王龙昌, 李宁, 陈漫. 河北省故城县土地规模化经营研究——以棉花种植为例 [J]. 西南师范大学学报 (自然科学版), 2012 (10): 94-100.

[102] 孙瑞华, 韩书爱, 陈强. 基于数据包络分析的山东省蔬菜产业生产效率分析 [J]. 河南科学, 2014 (6): 1119-1124.

[103] 周启刚. 农业信息化——山东农业新优势的必然选择 [J]. 科技信息, 2012 (23): 422.

[104] 王培志, 张双双. 山东农产品出口竞争力的分析研究 [J]. 东岳论丛, 2014 (1): 173-177.

[105] 李学工. 山东农产品外贸物流一体化空间结构研究 [J]. 综合运输, 2008 (3): 48-52.

[106] 何启伟, 潘子龙, 刘良淇, 金国良. 山东省设施蔬菜产业现状与前景展望 [J]. 黄河蔬菜, 2009 (8): 5-8.

[107] 何启伟. 山东蔬菜科技工作的回顾与建议 [J]. 中国蔬菜, 2011 (17): 4-8.

[108] 何启伟, 焦自高, 周绪元, 刘世琦, 刁家连, 高中强. 山东蔬菜科技工作的回顾与建议 [J]. 中国蔬菜, 2014 (1): 61-65.

[109] 贾卫丽. 蔬菜物流发展现状与问题研究——以山东寿光蔬菜批发市场蔬菜物流为例 [J]. 惠州学院学报 (社会科学版), 2006 (5): 71-75.

[110] 朱智强, 张晓丽. 山东省蔬菜产业出口竞争优势的促成因素分析 [J]. 现代农业科技, 2013 (12): 267-268.

[111] 朱智强. 山东省蔬菜产业发展的基本特征分析 [J]. 北方园艺, 2008 (8): 222-223.

[112] 朱智强. 山东省蔬菜产业出口竞争力的比较分析 [J]. 山东工商学院学报, 2010 (8): 34-37.

[113] 朱智强. 山东蔬菜产业出口竞争力的制约因素: 基于波特范式分析 [J]. 商业研究, 2009 (1): 181-183.

[114] 赵海燕, 何忠伟. 中国大国农业国际竞争力的演变及对策: 以蔬菜产业为例 [J]. 国际贸易问题, 2013 (7): 3-14.